Pusteblume

Das Sachbuch 3

Neubearbeitung

Herausgegeben von
Dieter Kraft

Erarbeitet von
Dirk Breede
Dieter Kraft
Tim Posselt
Regina Stolte
u. a.

Schroedel
westermann

Inhalt

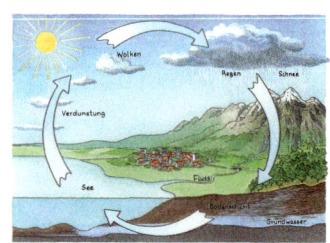

Raum

Technik

Inhalt

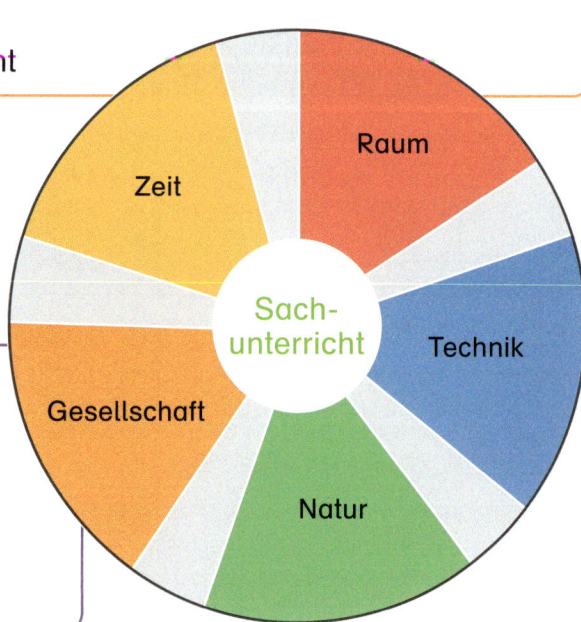

Methoden-Werkstatt

So arbeitest du mit den Methoden-Seiten:
Lies die Texte. Die Bilder helfen dir, die Anleitungen zu verstehen.

M 1 Eine Ideensammlung anlegen

1 Eine Ideen- oder Gedankensammlung wird in der Fachsprache **Mindmap** genannt. Genau übersetzt bedeutet das „Gedankenkarte" oder „Gedankenlandkarte".

2 Auf einem Blatt Papier wird das **Hauptthema** in die Mitte geschrieben. Eventuell wird ein Bild dazugesetzt.

3 Sammle Ideen und Gedanken, die zum Hauptthema gehören. Notiere sie zunächst auf kleinen **Zetteln.**

4 Überlege, welche Ideen zusammenpassen. Ordne die Zettel und notiere dafür ein **Unterthema.**

5 Verbinde das Thema mit unterschiedlichen Farben mit den Unterthemen.

6 Klebe die Zettel auf oder notiere die Begriffe nachträglich. Verbinde diese in der passenden Farbe mit dem Unterthema.

7 Vergleiche deine Ideensammlung mit denen deiner Mitschüler. Wenn ihr zusammen eine Mindmap anlegt, nennt man das Klassen-Mindmap.

Schach — Computerspiele — Fußball
Texte schreiben
Wofür ich den **Computer** nutzen kann.
Malen
Deutsch
Lernen
Sachunterricht
Spiele
E-Mail
Internet
Filme
Musik
sich informieren

▶ Arbeitsheft: Seite 4

M 2 Ein Lerntagebuch anlegen

1 Im Lerntagebuch notierst du, was du wann erarbeitet und gelernt hast.

2 Notiere deine Erfahrungen, Eindrücke und Lernerlebnisse in einem Heft oder auf vorbereiteten Blättern.

3 Notiere bei jedem Eintrag das Datum.

4 Du kannst deine Lernerlebnisse in Stichworten notieren oder ausführlich beschreiben. Dazu kannst du Skizzen anfertigen.

5 Überlege dir Überschriften für deine Beschreibungen.

M 3 Ein Lerntagebuch führen

1 Überlege dir, was dir bei einem Thema gefallen hat und was nicht.

2 Überlege, ob du eine Aufgabe zum Thema bearbeiten konntest oder nicht.

3 Benutze für die Beschreibung Stichworte oder schreibe einen Text.

4 Benutze für die Beschreibung dein Lerntagebuch oder ein DIN-A4-Blatt, das du in einer Mappe abheften kannst.

5 Beurteile deine Lernergebnisse und die Arbeitsverfahren mit
 – Bewertungszeichen (z. B. Smileys)
 – kurzen Anmerkungen

Bewertungsvorschläge

 richtig gut

 mittel- gut

 noch nicht so gut

13
Datum: 11.05.
Vögel bestimmen
☺ ich kenne 10 neue
Vögel
☺ wir haben viel zu
kurz an dem
Thema gearbeitet

Vögel bestimmen   10. Mai

Das Thema „Vögel" interessiert mich sehr. Ich kenne nun viele einheimische Singvögel. Ein kleines Bestimmungsbuch habe ich immer bei mir. Schade, dass darin nicht noch mehr Vögel vorgestellt werden.

M 4 Einen Text im Schulbuch auswerten

1 In einem Schulbuch darfst du nichts unterstreichen!

2 Lies den Text aufmerksam durch. Notiere unbekannte Wörter. Informiere dich über ihre Bedeutung.

3 Lies den Text erneut durch. Notiere in deinem Heft oder auf einem Blatt Papier Begriffe, die dir wichtig erscheinen, zum Beispiel:
Name:
Aussehen:

4 Schreibe nun hinter die bereits notierten Begriffe weitere Informationen, die du für wichtig hältst und die du dort zuordnen kannst, zum Beispiel:
Name: männliches Tier: Hirsch
Name: weibliches Tier: ...

Rothirsche

Das männliche Tier wird Hirsch, das weibliche Tier Hirschkuh und das Jungtier Hirschkalb genannt. Nur die Hirsche tragen ein Geweih. Das Fell ist im Sommer rotbraun, im Winter dunkel graubraun gefärbt. Hirsche können bis zu 300 kg schwer und 20 Jahre alt werden. Zum Lebensraum der Hirsche gehören Wälder, Flussauen, aber auch waldlose Heide- und Moorgebiete. Zu ihrer Nahrung gehören Kräuter, Gräser, aber auch Rinde, Knospen und Zweige von Büschen und Bäumen.

M 5 Pflanzen bestimmen

1 Zum Bestimmen von Pflanzen werden Bestimmungsbücher benutzt.

2 Zum Bestimmen von blühenden Pflanzen müssen die unterschiedlichen Merkmale der Blüten genau betrachtet werden.

3 Das wichtigste Merkmal der Blüte ist die Blütenfarbe.

4 Danach werden zum Bestimmen der Pflanze die Blütenform und die Anzahl der Blütenblätter betrachtet.

5 Weitere Merkmale zum Bestimmen der Pflanze sind
  – Blatt   – Wuchshöhe
  – Stängel   – Standort
  – Wurzel   – Blütezeit

6 Einige Pflanzen haben Besonderheiten, zum Beispiel:
  – Die Pflanze ist schwach giftig oder giftig.
  – Die Pflanze ist teilweise oder vollkommen geschützt.

Narbe
Griffel
Staubblatt
Blütenblatt
Fruchtknoten
Kelchblatt
Blütenachse

Tabelle der Blütenfarben

	weiß			rosa
	gelb			violett
	blau			grün
	rot			braun

Manche Blütenfarben lassen sich nicht eindeutig zuordnen. In dem Fall wird unter ähnlichen Farben nachgesehen.

	bis zu 4 Blütenblätter	
	genau 5 Blütenblätter	
	mehr als 5 Blütenblätter	
	zweiseitig symmetrische Blüten	

▸ Arbeitsheft: Seite 5

M 6 Einen Lernort erkunden

1 „Einen Lernort erkunden" heißt, einen Ort außerhalb der Schule zu besuchen, um dort zu lernen und zu arbeiten.

2 Natürliche Lernorte sind zum Beispiel ein Bach oder ein Wald.

3 Von Menschen geschaffene Lernorte sind zum Beispiel Museen, Zoos oder Büchereien. Sie zeigen Gegenstände, Tiere oder Pflanzen, um die Besucher zu informieren.

4 Über viele Lernorte kannst du dich im Internet informieren.

5 Bereite deine Erkundung gut vor. Du kannst am Lernort viel erfahren und lernen:
  – Welche Arbeitsmittel brauche ich? (Schreibblock, Fotoapparat, ...)
  – Welche Kleidung ist geeignet? (Regenjacke, Gummistiefel, ...)
  – Was möchte ich wissen? (Fragen formulieren und notieren.)

	Bücherei	Heimatmuseum
Öffnungszeiten	tägl. von 9–15 Uhr	tägl. von 10–18 Uhr
Eintrittspreise	Kinder kostenfrei Erw. 3 € monatlich	Kinder 3 € Erwachsene 6 €
Angebote	– Bücher, Zeitschriften – Hörbücher – Videos – CDs und DVDs – Interneteinführungen – Führungen für Schulklassen	– alte Werkzeuge und Ackergeräte – altes Klassenzimmer – Bauernstube – Führungen nach Vereinbarung
Meine Fragen	Kann ich auch Computerspiele ausleihen?	Gibt es besondere Angebote für Kinder?

M 7 Ein Themenheft gestalten

Ein Themenheft bietet Informationen zu einem bestimmten Thema. Wähle ein Thema aus, zum Beispiel Pferde, Vögel, Steine, Internet.

1 Überlege, wie und wo du die benötigten Informationen einholen kannst: Bücherei, Zeitungen, Zeitschriften, Internet, Naturschutzverbände, Vereine, Expertenbefragungen.

2 Sammle Materialien zum Thema in Form von Bildern, Skizzen, Zeitungsartikeln, ausgedruckten oder selbst geschriebenen Texten, Karten.

3 Ordne die Materialien in der Reihenfolge, wie sie im Themenheft abgelegt werden sollen.

4 Gestalte das Titelblatt mit Überschrift und Namen.

5 Lass die Innenseite frei. Hier notierst du zum Schluss das Inhaltsverzeichnis.

6 Gestalte die Seiten. Bilder und Texte sollen sich abwechseln. Denke an die Seitenränder. Schreibe die Texte gut lesbar oder nutze den Computer.

M 8 Ein Bild auswerten

1 Bilder und Texte informieren uns in Büchern, Zeitschriften oder im Internet. Oft bietet ein Bild mehr Informationen als ein langer Text. Die folgenden Arbeitsschritte helfen dir, Bilder genau zu betrachten.

2 Suche nach Informationen, wann und wo das Bild entstanden ist. Oft helfen Bildunterschriften.

3 Versuche das Bild in Vordergrund, Mittelgrund und Hintergrund einzuteilen. Beschreibe nun den Bildinhalt:

*Im **Vordergrund** sehe ich einen Fluss, auf dem ein Ausflugsschiff fährt. Auf dem Aussichtsdeck sind Fahrgäste. Im **Mittelgrund** stehen Liegestühle und Sonnenschirme am Ufer. Im **Hintergrund** steht ein hohes Gebäude mit sehr großen Fenstern.*

4 Vermute, wozu das Bild angefertigt wurde: Wirbt das Bild für etwas? Möchte das Bild etwas genau zeigen? Ist das Bild eine Erinnerung?

5 Notiere Fragen, die du zum Bild hast:
- *Was ist ein Kanzleramt?*
- *Wohin fließt die Spree?*
- *In welcher Jahreszeit wurde das Foto aufgenommen?*

Ausflugsschiff auf der Spree vor dem Kanzleramt

M 9 Eine Skizze anlegen

1 Zum Skizzieren benötigst du: Bleistift, Buntstifte, Radiergummi, Lineal, Papier/Transparentpapier und eine feste Unterlage (Tisch, Klemmbrett).

2 Wenn du von einem Bild eine Skizze anfertigst, kannst du mit Transparentpapier oder durchscheinendem Papier arbeiten.

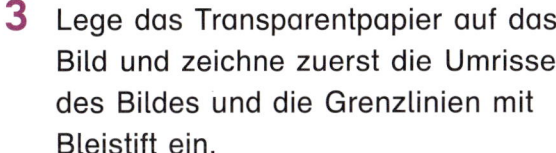

3 Lege das Transparentpapier auf das Bild und zeichne zuerst die Umrisse des Bildes und die Grenzlinien mit Bleistift ein.

4 Zeichne dann die Umrisse der übrigen Bereiche mit Bleistift ein.

5 Male zum Schluss mit Buntstiften die Skizze aus. Beschrifte sie eventuell.

6 Landschaften, Gebäude, Pflanzen, Tiere oder Gegenstände kannst du auch frei skizzieren. Setze zuerst Hilfspunkte. Zeichne dann zunächst die groben Umrisse und danach die feinen Linien.

► Arbeitsheft: Seite 6, 7

M 10 Sich auf einer Karte orientieren

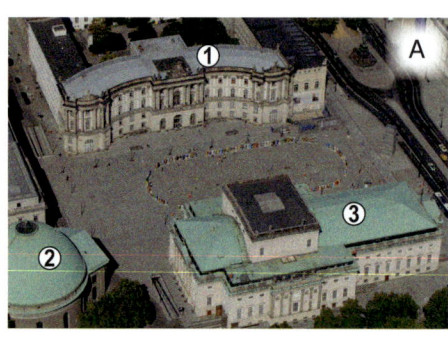

1 Das Foto A wurde aus einem Flugzeug schräg nach unten fotografiert. Deswegen nennt man es Schrägluftbild.

2 Luftbilder (B), die aus Flugzeugen oder Satelliten senkrecht nach unten fotografiert werden, heißen Senkrechtluftbilder. Sie dienen als Vorlage für Karten.

3 Karten zeigen einen Teil der Erdoberfläche in stark verkleinerter und vereinfachter Darstellung.

4 Betrachte die Abbildungen und vergleiche sie.

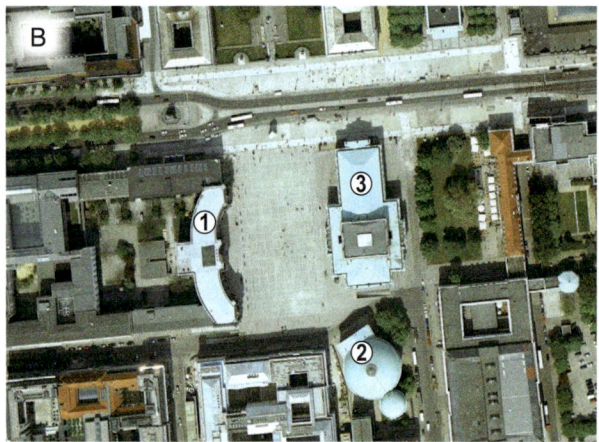

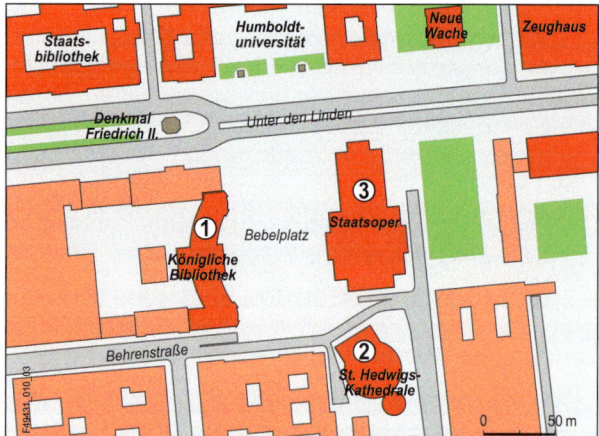

M 11 Einen Versuch selbst planen und durchführen

Die Planung und Durchführung eines Versuches kann in fünf Abschnitte unterteilt werden.

1 Frage → Was will ich herausfinden?
Wie können Tauchboote in die Tiefe sinken und wieder aufsteigen?
Wie können Tauchboote schweben?

2 Vermutung → Wie könnte das Ergebnis ausfallen? Notiere deine Vermutung.
Teilweise sind die Tauchboote schwerer als Wasser, teilweise leichter.

3 Durchführung → Suche dir passende Materialien aus.
Beschreibe den Verlauf des Versuchs.
Fertige eine Skizze an.
 – Welches Gefäß kann als Tauchboot verwendet werden?
 – Wie muss das Gefäß befüllt sein, damit es wie ein Tauchboot mitten im Wassergefäß schwimmt oder schwebt?

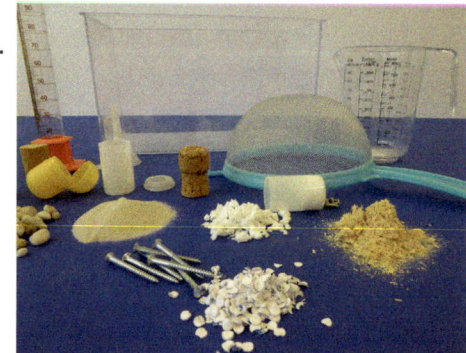

4 Ergebnis → Vergleiche Vermutung und Ergebnis.
 – Ich habe das Gefäß mit ... befüllt, bis ... .
 – Ich habe beobachtet, wie .... .

5 Begründung → – Das Gefäß schwebt in der Mitte, wenn es genauso schwer ist wie das Wasser.
Kontrolliere die Begründung. Lies in einem Lexikon oder im Internet nach:
Um tiefer zu sinken, müssen die Tauchboote schwerer werden. Dazu füllen die Tauchboote Wasser in besondere Tanks. Um aufzusteigen, blasen sie mit Druckluft die Tanks wieder leer. Wenn ein Tauchboot in einer bestimmten Tiefe schwebt, ist es gleich schwer wie das umgebende Wasser.

▶ Arbeitsheft: Seite 8, 9

M 12 Eine Zeitleiste anlegen

1 Eine Zeitleiste stellt Zeitabschnitte (Epochen) und Entwicklungen dar.

2 Große Zeitleisten werden auf Papierrollen (Tapeten, Packpapier) angelegt und als Plakat aufgehängt. Kleine Zeitleisten werden aus Papierstreifen hergestellt.

3 Die Einteilung der Zeitabschnitte erfolgt über eine Skala. Jeder Strich steht für einen bestimmten Zeitpunkt.

4 Für deine Zeitleiste benötigst du zwei Blätter kariertes DIN-A4-Papier.

5 Falte die Seiten in Längsrichtung. Schneide mit einer Schere beide Seiten entlang des Knicks in zwei Streifen. Klebe die vier Streifen an den schmalen Seiten so aneinander, dass du immer ganze Kästchen sehen kannst.

6 Zeichne nun mit einem Lineal den Zeitstrahl in die Mitte der Zeitleiste ein. Überlege, wie viele Jahre du auf der Zeitleiste darstellen willst. Berechne, wie viele Kästchen wie vielen Jahren entsprechen sollen. (z. B. 1 Kästchen = 1 Jahr oder 1 Kästchen = 10 Jahre.)

M 13 Mit einer Zeitleiste arbeiten

1 Stelle fest, welcher Zeitraum auf der Zeitskala von Kästchen zu Kästchen oder von Strich zu Strich dargestellt ist.

2 Zeitleisten enthalten Bilder, Texte oder beides. Ordne die Ereignisse der Zeitskala zu.

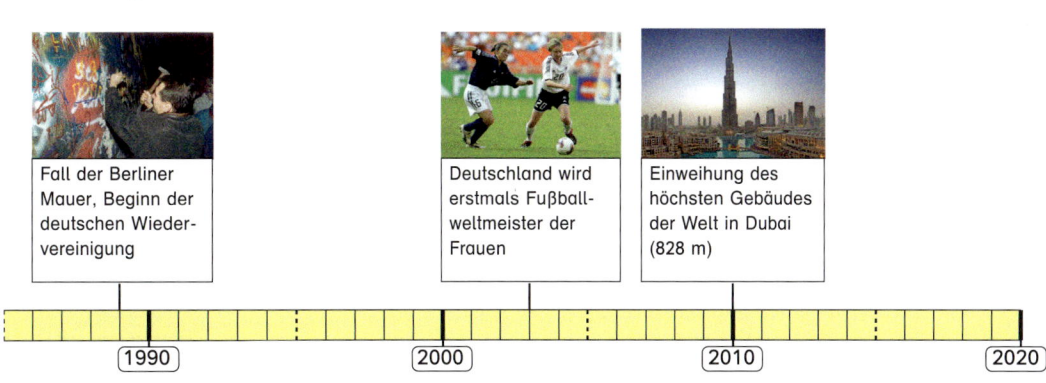

Fall der Berliner Mauer, Beginn der deutschen Wiedervereinigung

Deutschland wird erstmals Fußballweltmeister der Frauen

Einweihung des höchsten Gebäudes der Welt in Dubai (828 m)

1990   2000   2010   2020

3 Zum Gestalten eigener Zeitleisten lassen sich am besten über das Internet Informationen und Bilder zu Ereignissen einholen und ausdrucken.

4 Gestalte eine Zeitleiste zur Geschichte deiner Familie. Du kannst Fotos, selbst gemalte Bilder und Texte aufgekleben.

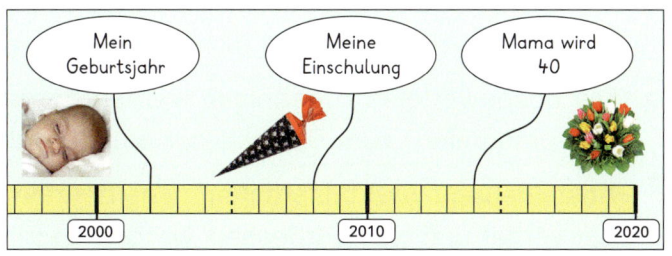

Mein Geburtsjahr

Meine Einschulung

Mama wird 40

2000   2010   2020

▶ Arbeitsheft: Seite 10

M 14 Ein Interview planen und durchführen

1 Ein Interview wird geführt, um Fachleute zu befragen oder Meinungen einzuholen.

2 Zuerst wird festgelegt, zu welchem Thema das Interview geführt wird.

Im Beispiel: Nutzung von Verkehrsmitteln, um zum Arbeitsplatz zu gelangen

3 Dann wird überlegt, wer befragt werden soll.

4 Nun werden Fragen gesammelt, ausgewählt, genau formuliert und notiert. Gut geeignet sind W-Fragen (Wer – Wo – Wie – Was – Wann – Warum – Woher). Die Fragen sollten kurze und genaue Antworten ermöglichen.

5 Als nächstes wird geklärt, wie die Antworten auf die Fragen festgehalten werden.

6 Die Interviewpartner werden angesprochen, um den Gesprächstermin und den Ort festzulegen.

7 Das Interview wird mit einer freundlichen Begrüßung begonnen und mit einem herzlichen Dankeschön beendet.

Im Beispiel: Eltern, Lehrkräfte, Nachbarn
– „Welches Verkehrsmittel nutzen Sie hauptsächlich, um zur Arbeit zu kommen?" (Auto, Bus, Bahn, Schiff, Motorrad, Fahrrad, zu Fuß)
– „Wie viel Zeit benötigen Sie für den Weg zur Arbeit?" (bis 15, 30, 45, 60 Min. oder mehr)

Im Beispiel: Die Antworten werden notiert.

Im Beispiel: telefonisch anfragen oder direkt ansprechen, z.B. Nachbarn

Zum Beispiel: – „Guten Tag, ich freue mich, dass sie bereit sind, meine Fragen zu beantworten."
– „Herzlichen Dank, dass Sie sich die Zeit für mich genommen haben."

M 15 Ein Interview auswerten

1 Vor der eigentlichen Auswertung wird geklärt, ob alle Fragen zufriedenstellend beantwortet wurden. Offene Fragen werden geklärt.

Im Beispiel: Wenn mehrere Verkehrsmittelbenutzt werden, wird nur das Hauptverkehrsmittel berücksichtigt.

2 Die Ergebnisse von allen Personen, die befragt wurden, werden gesammelt.

3 Die Ergebnisse der Fragen können in Strichlisten erfasst werden. Dafür wird eine Tabelle gezeichnet.

4 Die Gesamtzahl der befragten Personen wird festgestellt. Ein Strich steht für eine befragte Person.

5 Die Ergebnisse werden miteinander verglichen und ausgewertet:
Tabelle 1: Welches Verkehrsmittel wird am häufigsten benutzt, welches am wenigsten?
Tabelle 2: Wie lange sind die meisten unterwegs?

6 Die ausgewerteten Ergebnisse werden dargestellt und präsentiert, zum Beispiel auf einem Plakat.

7 Abschließend wird besprochen, was bei den Interviews gut verlief und was verbessert werden kann.

Tabelle 1

Verkehrsmittel	Anzahl
Auto (Pkw)	IIII IIII IIII IIII II
Bahn	IIII IIII IIII IIII
Bus	IIII IIII IIII IIII
Schiff	IIII
Motorrad	IIII III
Fahrrad	IIII IIII IIII III
zu Fuß	IIII IIII
Gesamtzahl	**100**

Tabelle 2

Zeit	Anzahl
bis 15 Min.	IIII IIII
16–30 Min.	IIII IIII IIII IIII IIII III
31–45 Min.	IIII IIII IIII IIII IIII I
46–60 Min.	IIII IIII IIII IIII
mehr als 60 Min.	IIII IIII IIII III
Gesamtzahl	**100**

▶ Arbeitsheft: Seite 11

Natur

Die Wiese ist ein wichtiger Lebensraum für Pflanzen und Tiere. Erzähle, welche Wiesenpflanzen du kennst und welche Wiesenbewohner du schon beobachtet hast.

Getreide ist weltweit ein wichtiges Grundnahrungsmittel.
Nenne bekannte Getreidearten.

Wasser fällt als Niederschlag, sammelt sich in Gewässern, verdunstet und versickert. Erkläre, warum dabei kein Wasser verloren geht.

- M 1 Eine Ideensammlung anlegen
- M 2 Ein Lerntagebuch anlegen
- M 3 Ein Lerntagebuch führen
- M 4 Einen Text im Schulbuch auswerten
- M 5 Pflanzen bestimmen
- M 6 Einen Lernort erkunden
- M 7 Ein Themenheft gestalten
- M 8 Ein Bild auswerten
- M 9 Eine Skizze anlegen
- M 11 Einen Versuch selbst planen und durchführen

Die Wiese

Sommerwiese

Mähen einer Wiese

Heuernte

Blumenwiese am Straßenrand

Vor vielen tausend Jahren gab es in Europa noch keine Wiesen. Die Landschaft war fast ganz von Wäldern bedeckt. Erst als die Menschen Teile der Wälder abholzten, um den Boden für sich zu nutzen, entstanden allmählich Wiesen.

Wiesenpflanzen enthalten viele Nährstoffe. Ein- oder zweimal im Jahr werden sie abgemäht und frisch oder getrocknet als Heu an das Vieh verfüttert. Das Mähen schadet den Pflanzen nicht. Sie wachsen wieder nach.

In Städten werden häufig auf Grünstreifen und an Straßenrändern Wildblumen ausgesät. Diese künstlich geschaffenen Blumenwiesen sehen schön aus und bieten Insekten Nahrung und Lebensraum.

● M 5 Pflanzen bestimmen, Seite 7
● M 6 Einen Lernort erkunden, Seite 8
● M 9 Eine Skizze anlegen, Seite 9

■ Tiere und Pflanzen der Wiese, Seite 16/17

Entdecke die Wiese

Auf einer Wiese kannst du viel ent-
decken. Nimm einen Block und Stifte
für Zeichnungen und für Notizen mit.

1 Kennzeichne ein Stück Wiese mit
einer Schnur. Notiere, was du
entdeckst. Skizziere eine Pflanze
möglichst genau.

Eine Wiese im Kübel

1 Vermische drei Teile Blumenerde
und einen Teil Sand und fülle die
Mischung in den Maurerkübel.

2 Säe eine Wiesenmischung aus.

3 Befeuchte vorsichtig die Erde.

4 Stelle den Kübel an einen sonnigen
Platz auf dem Schulhof. Beobachte
regelmäßig.

▶ Arbeitsheft: Seite 12, 13   ○ Lernsoftware: Nr. 21, 22, 23

Tiere und Pflanzen der Wiese

Insekten:

Dukatenfalter

Blutwidderchen

Hummel

Honigbiene

Heuschrecke

Bockkäfer

Wespe

Spinnen:

Zebraspinne

Weichtiere:

Bänderschnecke

Säugetiere:

Feldmaus

Die Wiese bietet Lebensraum für viele Tiere. Sie leben in verschiedenen Bereichen der Wiese.

Insekten sehen sehr unterschiedlich aus. Alle haben sie aber einen dreigliedrigen Körper mit Kopf, Brust, Hinterleib und sechs Beine. Die meisten Insekten ernähren sich vom Nektar der Wiesenblumen.

Insekten finden in der Wiese Nahrung, sind aber auch Nahrung für andere Tiere. So bauen Spinnen auf Wiesen ihre Netze, um darin Insekten zu fangen. Diese Netze sieht man besonders gut im Spätsommer, wenn Tautropfen an den Fäden hängen. Spinnen erkennt man an ihren acht Beinen. Schnecken ernähren sich von Pflanzenteilen. Das feuchte Gras der Wiese schützt sie vor dem Austrocknen.

Die Feldmaus ernährt sich von Gräsern, Kräutern und Samen, auf Feldern auch von Getreide. Die Feldmaus ist ein Säugetier. Sie hat ein Fell und vier Beine.

1 Suche die Tiere im Bild auf Seite 14 und 15.

● **M 5 Pflanzen bestimmen, Seite 7**
● **M 8 Ein Bild auswerten, Seite 9**
▪ Die Wiese, Seite 14/15

▪ Vom Ei zum Schmetterling, Seite 20/21
▪ Schnecken, Seite 22/23
▪ Wir beobachten Schnecken, Seite 24/25

Glockenblume

Hahnenfuß

Kamille

Schafgarbe

Wiesensalbei

Wiesenklee

Wiesenfuchsschwanz

Knäulgras

Auf einer Wiese wachsen Blumen und Gräser. Viele Blumen kann man gut an der Farbe und der Form ihrer Blüten erkennen. Gräser haben keine auffälligen Blüten. Sie sind nur schwer zu unterscheiden.
Die Blumen sind eine wichtige Nahrungsquelle für viele Tiere.
Dies wird besonders am Beispiel der Wilden Möhre deutlich. Der Nektar, das ist der süße Blütensaft, wird zum Beispiel von Schwebfliegen (1) aufgesaugt. Raupen (2), Schnecken (3) und Heuschrecken (4) fressen die Blätter. Der Pflanzensaft in den Stängeln ist die Nahrung von Blattläusen (5). Marienkäfer (6) und ihre Larven fressen die Blattläuse. Ameisen (7) dagegen mögen den süßen Saft, den Blattläuse ausscheiden, besonders gern.
Die Wilde Möhre erkennt man meistens an der winzigen dunklen Blüte in der Mitte des weißen Blütenstandes.

2 Finde die Wiesenblumen auf Seite 14 und 15. Versuche mithilfe von Bestimmungsbüchern die Namen weiterer Wiesenpflanzen zu bestimmen.

▸ Arbeitsheft: Seite 14, 15   ○ Lernsoftware: Nr. 21, 22, 23

Leben im Boden

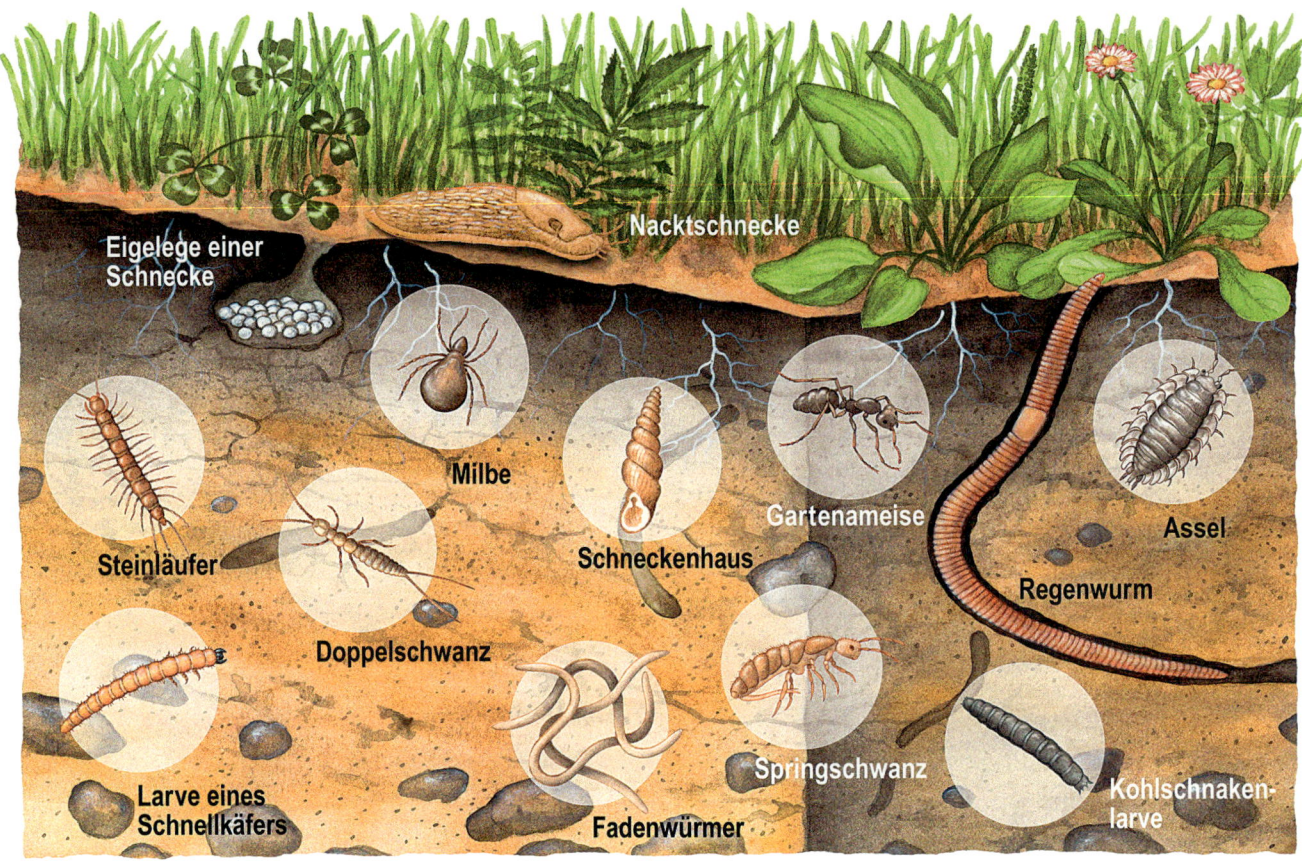

Eigelege einer Schnecke
Nacktschnecke
Milbe
Steinläufer
Doppelschwanz
Schneckenhaus
Gartenameise
Regenwurm
Assel
Larve eines Schnellkäfers
Fadenwürmer
Springschwanz
Kohlschnakenlarve

Im Boden leben verschiedene Lebewesen. Viele von ihnen kann man nur unter der Lupe oder einem Mikroskop erkennen. Zu diesen Kleinstlebewesen gehören zum Beispiel Bakterien und Pilze.

Weitere kleinere Tiere wie Würmer und Asseln bis zu größeren Tieren wie Regenwurm, Maus und Maulwurf leben im Boden. Alle Lebewesen der Bodenschicht sorgen dafür, dass Pflanzen- und Tierreste zerkleinert, vermischt und abgebaut werden. Dabei entsteht Humus, wertvolle braune bis schwarze, lockere Erde.

1 Nenne Bodenlebewesen und beschreibe ihr Aussehen.

2 Fertige von einem Bodenlebewesen einen Steckbrief an.

Bodentiere

Schüttelsieb
Becherlupe
Handlupe
Pinsel
weiße Schale
Bodenproben

1 Besorge dir verschiedene Bodenproben, zum Beispiel Gartenerde, Waldboden.

2 Untersuche die Proben. Wie sehen sie aus? Wie riechen sie? Wie fühlen sie sich an?

3 Schütte die Proben in eine helle Schale. Suche nach Tieren.

4 Betrachte sie mit einer Lupe. Wie sehen sie aus? Wie bewegen sie sich?

5 Versuche einige Tiere zu bestimmen.

Mund

Gürtel

Segmente   Borsten

After

Der Regenwurm wird auch „Gärtner der Erde" genannt. Er kann sich in lockerer Erde schnell voranbewegen. Die Borsten an den Seiten seines Körpers sind ihm dabei besonders nützlich. Während er sich durch das Erdreich bewegt, frisst er große Mengen Erde. Er lockert und belüftet dabei den Boden, da er unterirdische Gänge bohrt. Die Regenwurmgänge ermöglichen den Pflanzen ein tieferes Eindringen ihrer Wurzeln und damit die bessere Aufnahme von Wasser und Mineralstoffen aus dem Boden. Der Regenwurm meidet das Tageslicht. In der Nacht kommt er jedoch an die Oberfläche, um abgefallene Laubblätter in seine Gänge zu ziehen. Bakterien zersetzen die Blätter. Nun kann der Regenwurm die Blätter fressen.

An der Erdoberfläche entdeckt man manchmal die Kothäufchen des Regenwurmes. Diese sind guter Dünger für die Pflanzen. Wenn es regnet, flüchtet der Regenwurm aus seinen Gängen an die Erdoberfläche. Da er über seine Haut atmet, würde er im Wasser ersticken.

Den Winter verbringt der Regenwurm in tieferen Bodenschichten und verfällt in einen Starrezustand.

3 Erkundet weitere wichtige Informationen zum Regenwurm.

4 Fasst diese in einem „Regenwurmposter" zusammen.

Der Regenwurm

Du brauchst:
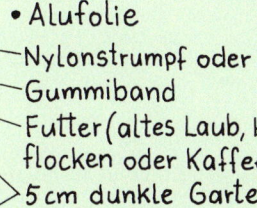
- 1 großes Einmachglas
- Alufolie
- Nylonstrumpf oder Mull
- Gummiband
- Futter (altes Laub, Haferflocken oder Kaffeesatz)
- 5 cm dunkle Gartenerde
- 3 cm Vogelsand
- 10 Regenwürmer

1 Fülle ein Glas wie in der Abbildung. Setze Regenwürmer ein.

2 Umwickle das Glas zur Verdunkelung mit Alufolie. Stelle es in einen kühlen Raum.

3 Befeuchte die Erde alle zwei Tage und füttere die Regenwürmer.

4 Beobachte etwa 14 Tage regelmäßig. Notiere die Veränderungen.

5 Lass die Regenwürmer wieder frei.

▶ Arbeitsheft: Seite 16, 17   ⊙ Lernsoftware: Nr. 20

Vom Ei zum Schmetterling

Im Frühsommer auf der Unterseite von Brennnesselblättern …

Das sind
die Eier des
Tagpfauenauges.
Aus den Eiern schlüpfen …

… die Raupen.
Sie fressen von den
Brennnesseln und
wachsen. Dabei …

… häuten
sie sich mehrmals
und wechseln ihre
Farbe.

Nach fünf Wochen
verpuppt sich die Raupe.
In der Puppe verwandelt
sich die Raupe.

Zwei Wochen
später ist die
Verwandlung beendet. Die
Puppenhülle …

… reißt
auf und der
Schmetterling
schiebt sich …

… ganz langsam aus der
Hülle heraus.

Schmetterlinge ernähren sich von Blütennektar.

1 Erkläre die Entwicklung vom Ei bis zum
Schmetterling.

2 Beschreibe das Aussehen
des Tagpfauenauges.

■ Tiere und Pflanzen der Wiese, Seite 16/17   ▶ Arbeitsheft: Seite 18, 19

Das sind einige Schmetterlingsarten, die bei uns vorkommen:

Admiral, auf Blüten, besonders in Gärten und an Waldrändern.

Kleiner Fuchs, auf Blüten in Gärten, überwintert als Schmetterling.

Distelfalter, auf Blüten, besonders Disteln und Sommerflieder.

Zitronenfalter, einer der ersten Schmetterlinge im Jahr, überwintert als Schmetterling.

3 Betrachte die Schmetterlinge und lies die Texte. Nenne Besonderheiten.

Übrigens

Alle einheimischen Schmetterlinge ernähren sich von Blütennektar. Der Sommerflieder hat besonders nektarreiche Blüten und ist eine bevorzugte Nahrungsquelle für viele Schmetterlinge. Er wird deshalb auch Schmetterlingsflieder genannt. Sommerflieder und andere nektarreiche Blütenpflanzen in eurem Garten liefern Nahrung für viele Falter.

○ Lernsoftware: Nr. 24

Schnecken

Weinbergschnecke

Eiablage

Weinbergschnecke mit Kalkdeckel

Weinbergschnecken stehen unter Naturschutz. Sie leben vorwiegend in Gebüschen, lichten Wäldern und auf Wiesen. Weinbergschnecken sind Weichtiere. Sie haben keine Knochen. Ihre Körper schützen sie durch Gehäuse. Weinbergschnecken benötigen eine feuchte und warme Umgebung. Hauptsächlich nachts und an feuchten Tagen kommen sie aus ihrem Versteck und suchen nach Nahrung. Weinbergschnecken fressen Pflanzen und kalkhaltige Erde. Der Kalk ist wichtig für den Gehäuseaufbau.

Im Juli und August gräbt die Weinbergschnecke mit ihrem Fuß ein Loch in die Erde. Das ist für sie sehr anstrengend. Sie braucht dazu fast einen ganzen Tag. In dieses Loch legt sie 60 bis 70 durchsichtige Eier. Anschließend bedeckt sie das Loch wieder mit Erde.

Nach ungefähr 28 Tagen schlüpfen aus den Eiern die jungen Weinbergschnecken. Sie sind noch sehr klein und haben durchsichtige Gehäuse. Die kleinen Schnecken brauchen drei Jahre, bis sie ausgewachsen sind. Weinbergschnecken werden 5 bis 10 Jahre alt.

Geschlüpfte Weinbergschnecke

Im Winter wühlt sich die Weinbergschnecke in lockere, mit Laub und Moos bedeckte Erde ein. Sie zieht sich in ihr Haus zurück und verschließt es mit einem festen Kalkdeckel. Der Deckel schützt die Schnecke vor dem Austrocknen. So verbringt sie drei bis vier Monate. Im Frühling stößt sie den Deckel mit ihrem Fuß wieder ab.

● M 4 Einen Text im Schulbuch auswerten, Seite 7

▪ Tiere und Pflanzen der Wiese, Seite 16/17
▪ Wir beobachten Schnecken, Seite 24/25

Dies sind Landschnecken, die bei uns recht häufig vorkommen:

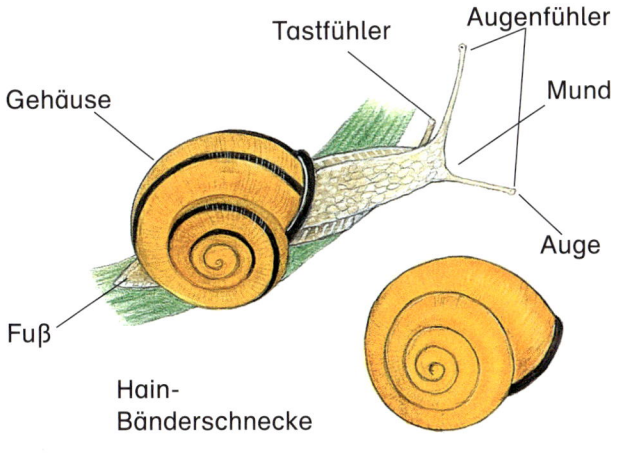

Gehäuse
Tastfühler
Augenfühler
Mund
Auge
Fuß
Hain-
Bänderschnecke

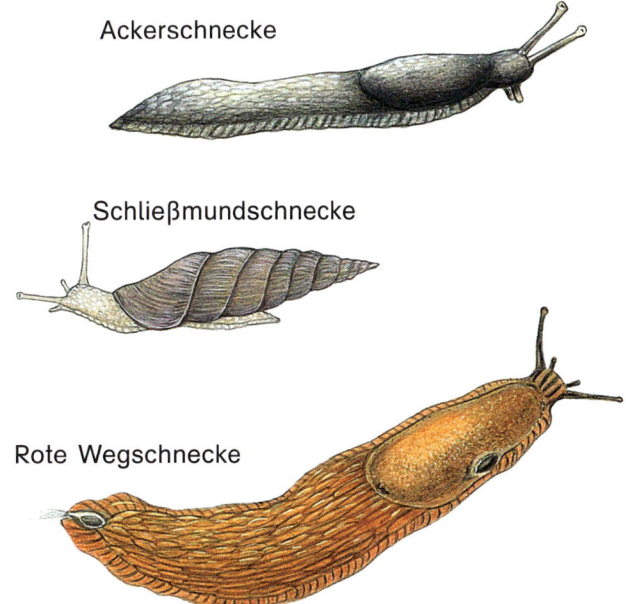

Ackerschnecke

Schließmundschnecke

Rote Wegschnecke

1 Beschreibe das Aussehen einer Schnecke. Vergleiche die abgebildeten Schnecken miteinander.

2 Suche an feuchten Tagen in der Nähe von Pflanzen nach Schnecken. Welche Schnecken entdeckst du?

Wir halten Schnecken

Richtet zur Beobachtung von Schnecken ein Terrarium ein.

Das braucht ihr:
einen größeren Glasbehälter, feinmaschigen Draht, Sand, Moos, Erde (vom Maulwurfshügel oder gekaufte Terrariumserde), Laub, Löwenzahnblätter, kleine Äste, Baumrinde oder eine Papierrolle als Versteck, Stein, Sprühflasche, zerkleinerte Eierschalen, Schnecken, Futter (Obst, Gemüse, Brot, Hafermehl)

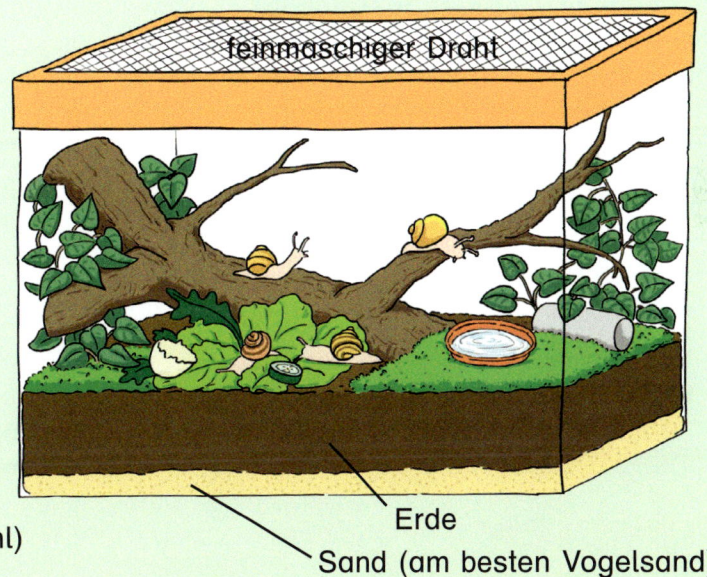

feinmaschiger Draht

Erde
Sand (am besten Vogelsand)

Das müsst ihr beachten:

1 Stellt das Terrarium in den Schatten.

2 Befeuchtet im Terrarium Erde und Moos mit der Sprühflasche.

3 Sucht in der Natur wenige Schnecken. Setzt sie ins Terrarium.

4 Haltet das Terrarium immer leicht feucht.

5 Füttert und beobachtet die Schnecken regelmäßig.

6 Bringt die Schnecken nach ein bis zwei Wochen an die Fundstelle zurück.

▶ Arbeitsheft: Seite 20

Wir beobachten Schnecken

Ihr braucht für diese Schneckenbeobachtungen verschiedene Schnecken. Bringt die Schnecken danach wieder an den Fundort zurück.

A Schneckenhäuser vergleichen

1. Sucht Schneckenhäuser. Fotografiert diese oder zeichnet eine Skizze.
2. Ihr könnt das Alter der Schnecke an den „Jahresringen" abschätzen, denn das Gehäuse wächst mit der Schnecke.
3. Findet ihr einen „Schneckenkönig"? Das sind Gehäuse, die nicht wie üblich rechtsgedreht, sondern linksgewunden sind. Vergleicht die Schneckengehäuse.

B Wie kriecht eine Schnecke?

1. Schnecken sondern zum Kriechen einen Schleim aus einer Drüse ab.
2. Setzt eine Schnecke auf eine Glasplatte. Schaut von unten, wie sie kriecht. Könnt ihr den Schleim erkennen?
3. Was beobachtet ihr, wenn ihr die Glasplatte senkrecht haltet?

C Was frisst eine Schnecke?

1. Bietet einer Schnecke verschiedene Nahrungsmittel an.
2. Beobachtet, wohin sie sich bewegt und was sie am liebsten frisst.

D Wie frisst eine Schnecke?

1. Stellt einen Mehlwasserbrei her, indem ihr einen Teelöffel Mehl mit wenig Wasser verrührt.
2. Streicht den Brei auf eine Glasplatte.
3. Setzt die Schnecke dazu.
4. Beobachtet von unten, wie die Schnecke frisst.

E Wie sieht und fühlt eine Schnecke?

1. Betrachtet eine Schnecke mit einer Lupe. Was erkennt ihr an den Fühlern?
2. Berührt die Fühler mit einem Wattestäbchen. Was passiert?
3. Wie reagiert die Schnecke auf Taschenlampenlicht?

F Wie hört eine Schnecke?

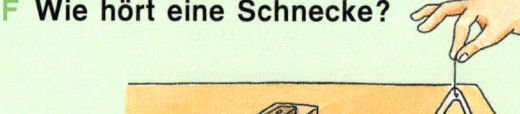

1. Schlagt in der Nähe einer Schnecke einen Triangel oder Klangbaustein an.
2. Beobachtet, wie die Schnecke reagiert.

■ Schnecken, Seite 22/23 ▶ Arbeitsheft: Seite 20

G Wie balanciert eine Schnecke?

1 Stellt zwei Bausteine hochkant auf den Tisch.
2 Legt darauf einen Strohhalm.
3 Setzt die Schnecke auf den Strohhalm und beobachtet, was geschieht.

I Wie überwindet eine Schnecke Hindernisse?

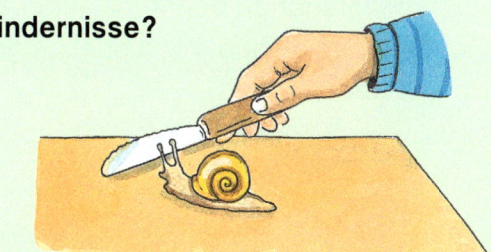

1 Lasst eine Schnecke über die Klinge eines Messers kriechen.
2 Was könnt ihr beobachten?
3 Versucht eure Beobachtung zu erklären.

Präsentation zum Thema Schnecke

Erstellt in Gruppen eine Präsentation zum Thema „Schnecke". Nutzt dazu Steckbrief, Ausstellungstisch, Kurzvortrag oder einen eigenen Schneckenversuch.

H Wie schnell kann eine Schnecke kriechen?

1 Legt eine Strecke fest, die eine Schnecke zurücklegen soll. Beobachtet, wie schnell sich die Schnecke fortbewegt. Stoppt dazu die Zeit.
2 Lasst eine andere Schnecke den gleichen Weg zurücklegen. Vergleicht die Zeit.

J Wie fühlt sich eine Schnecke an?

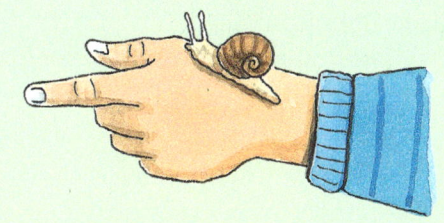

1 Setzt euch eine Schnecke auf die Hand. Wie fühlt sie sich an?
2 Dreht eure Hand vorsichtig hin und her. Was passiert?

Ein Schneckenquiz anfertigen

Testet euer Schneckenwissen mit einem selbst erstellten Schneckenquiz. Schreibt dazu viele Fragen zum Thema auf Kärtchen und lasst diese von euren Mitschülern beantworten.

Was braucht eine Pflanze zum Wachsen?

Heidekraut: Viel Sonne
Standort: trocken, wenig Nährstoffe

Seerose: Viel Sonne
Standort: im Wasser, viele Nährstoffe

Springkraut: Schatten
Standort: feucht, viele Nährstoffe

Die Fotos zeigen drei Pflanzen, die sich unter verschiedenen Bedingungen gut entwickelt haben. Dabei spielen Licht, Wasser und Nährstoffe eine wichtige Rolle.

1 Vergleicht die unterschiedlichen Bedürfnisse der drei Pflanzenarten.

Mit mehreren Versuchen könnt ihr genauer feststellen, unter welchen Voraussetzungen Pflanzen gut gedeihen.

Wie Licht auf Pflanzen wirkt

Ihr braucht: einen großen Schuhkarton mit Deckel, drei kleine Untersetzer, Küchenpapier, Schere, zwei Stück Pappe, Kressesamen, Sprühflasche mit Wasser.

1 Schneidet an einer Stirnseite des Kartons ein großes Fenster aus.
2 Teilt den Karton mit zwei Stückchen Pappe in drei Fächer.
3 Legt in jeden Untersetzer drei Lagen Küchenpapier. Sprüht das Papier nass und verteilt die Kressesamen gleichmäßig darauf.
4 Stellt in jedes Fach einen Untersetzer.
5 Schneidet von dem Deckel ein Stück so ab, dass nur in ein Fach Licht von oben einfällt. Passt auf! In das mittlere Fach darf kein Licht einfallen!
6 Sprüht die Samen regelmäßig nass. Hebt dabei den Deckel nur kurz an.
7 Nehmt nach einer Woche den Deckel ab. Beschreibt, wie die Pflanzen in den drei Fächern aussehen.
Versucht die Ergebnisse zu erklären.

● M 9 Eine Skizze anlegen, Seite 9
● M 11 Einen Versuch selbst planen und durchführen, Seite 10

○ Lernsoftware: Nr. 21

Was braucht eine Pflanze zum Wachsen?

Für die Versuche braucht ihr vier Blumentöpfe, kleine Bohnenpflanzen, einen Karton, Erde, Watte, eine Gießkanne mit Wasser, einen Platz am Fenster.

1 Füllt die Erde oder die Watte in die Blumentöpfe, setzt die Bohnenpflanzen ein und stellt sie ans Fenster. Über einen Topf wird der Karton gestellt. Gießt regelmäßig und beobachtet die Pflanzen der Versuche a, b, c und d über einen längeren Zeitraum.

2 Schreibt eure Beobachtungen auf und zeichnet die Pflanzen.

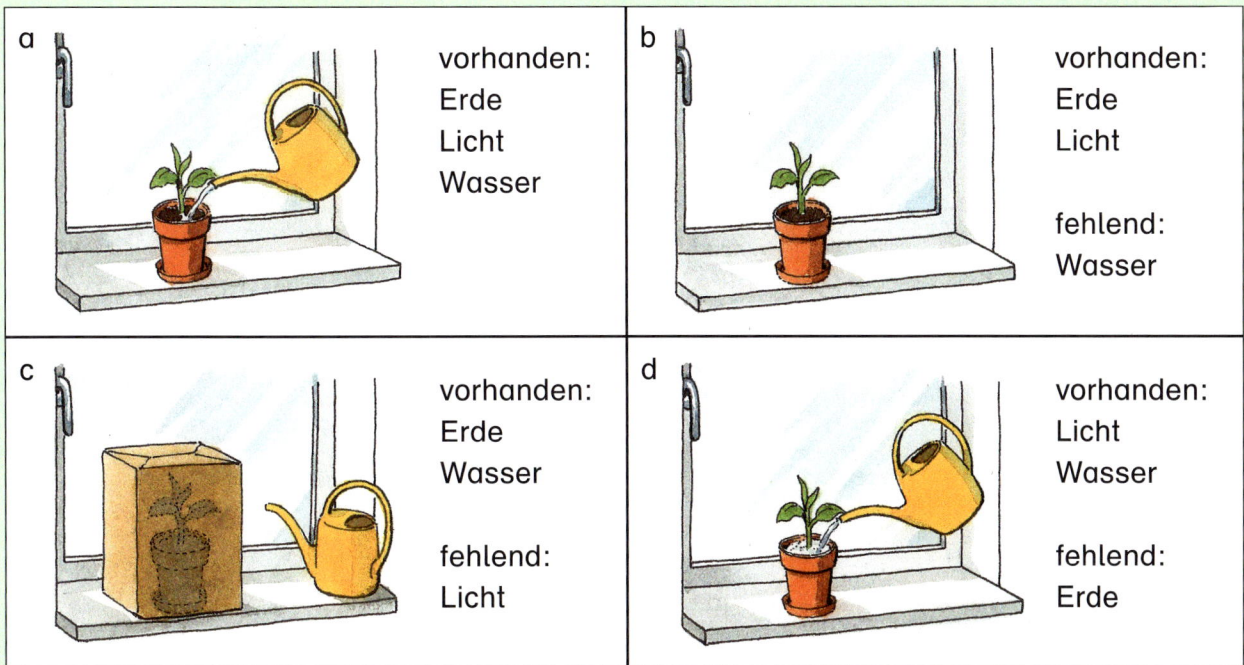

a vorhanden:
Erde
Licht
Wasser

b vorhanden:
Erde
Licht

fehlend:
Wasser

c vorhanden:
Erde
Wasser

fehlend:
Licht

d vorhanden:
Licht
Wasser

fehlend:
Erde

3 Wertet eure Versuchsergebnisse aus.
Notiert, was eine Pflanze braucht, um zu wachsen und sich gut zu entwickeln.

4 Ihr könnt die gut entwickelten Pflanzen des oberen Versuchs auch weiter beobachten. Gießt sie regelmäßig. Messt jeweils nach genau einer Woche die in dem Bild dargestellten Maße. Zeichnet dazu die Tabelle ab und tragt eure Messwerte ein.

	Datum:	Datum:	Datum:
① Von der Erde bis zum ersten Laubblatt	_____ cm	_____ cm	_____ cm
② Gesamtlänge der Pflanze	_____ cm	_____ cm	_____ cm

Bedrohte Pflanzen und Tiere

Birkhuhn

Bläuling

Moorlilie

Rote Waldameise

...im Moor

Sumpfohreule

Sonnentau

Moorfrosch

Bedrohte
Lebensräume

Zwergseeschwalbe

...am Meer

Feldlerche

Scholle

Seehund

Zwergseegras

Strandflieder

Kornrade

● M 1 Eine Ideensammlung anlegen, Seite 5

■ Menschen verändern und gestalten die Landschaft, Seite 64/65

Luchs

Schlüssel-
blume

...im Wald

Frauenschuh

Hirschkäfer

Rebhuhn

...im Feld

Ackerrittersporn

Feldhase

Feldhamster

Viele Tiere und Pflanzen sind an das Leben in einem bestimmten Lebensraum angepasst. Das bedeutet, dass sie in diesem Lebensraum die Bedingungen finden, die sie zum Leben brauchen. Das sind Nahrung, Schutz und genügend Raum. Wird der Lebensraum verändert oder zerstört oder gelangen Umweltgifte in den Lebensraum, bedeutet das eine große Gefahr für die Tiere und Pflanzen.

Tiere und Pflanzen im Moor oder am Meer sind Spezialisten für ihre Lebensräume. Sie müssen mit den extremen Lebensbedingungen dort zurechtkommen.
Im Moor sind dieses der nasse Boden, die wenigen Nährstoffe im Boden und das saure Wasser. Wird das Moor entwässert und der Torf ausgegraben, verlieren die Tiere und Pflanzen ihre Lebensgrundlage.
Tiere und Pflanzen am Meer müssen mit dem ständigen Wechsel zwischen Ebbe und Flut, den starken Strömungen, dem Salzgehalt des Wassers und großen Temperaturunterschieden leben. Die Tiere und Pflanzen im Watt reagieren besonders empfindlich auf Verunreinigungen des Wassers.

Auch im Wald und auf dem Feld finden nicht mehr alle Tiere und Pflanzen die notwendigen Lebensbedingungen. Sie haben es daher schwer zu überleben, wenn nicht besondere Schutzmaßnahmen getroffen werden.

1 Sucht euch ein Tier oder eine Pflanze aus. Informiert euch über den Lebensraum, die Lebensweise sowie über mögliche Schutzmaßnahmen.

2 Stellt eure Ergebnisse mit einem kurzen Referat in der Klasse vor.

▶ Arbeitsheft: Seite 21

Anbau von Getreide

Weizen

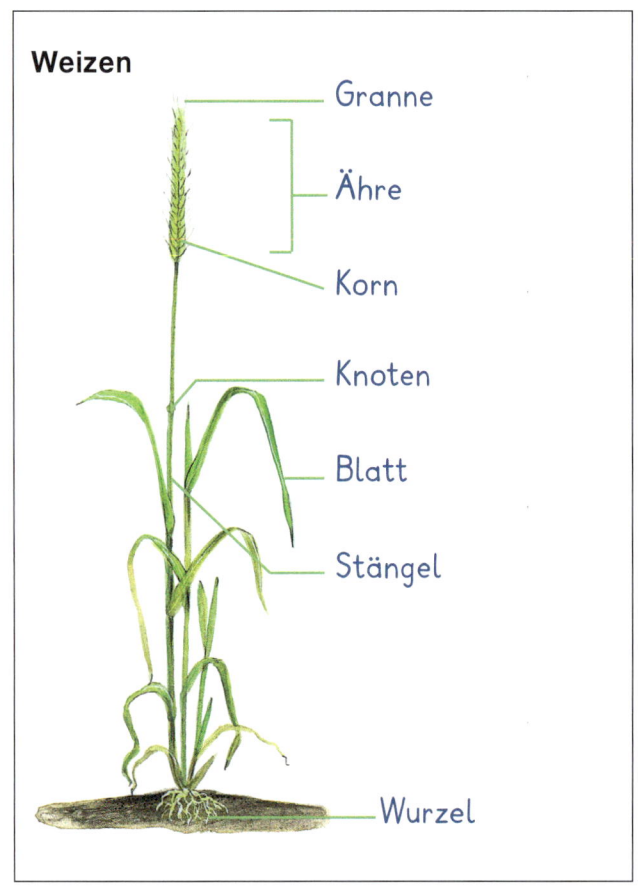

- Granne
- Ähre
- Korn
- Knoten
- Blatt
- Stängel
- Wurzel

Mais

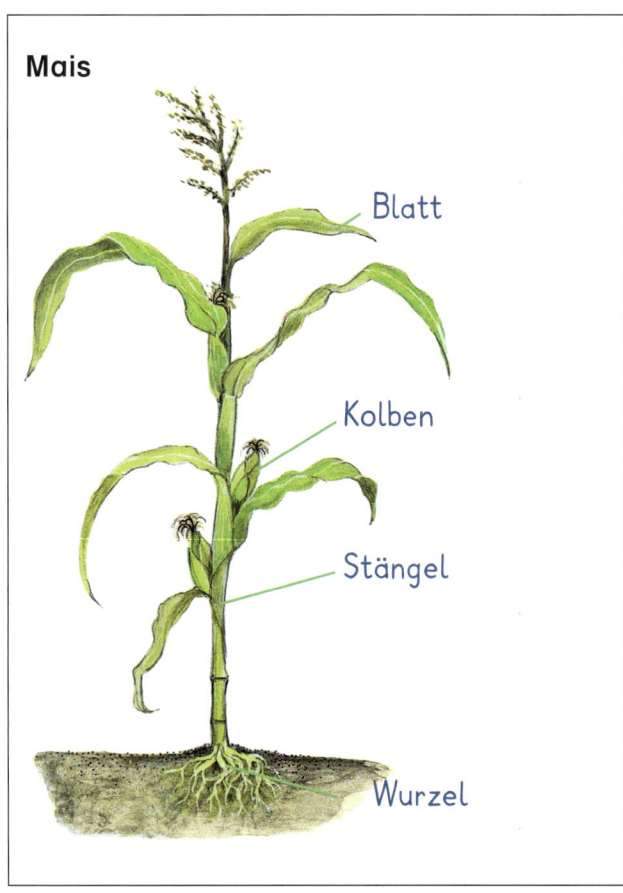

- Blatt
- Kolben
- Stängel
- Wurzel

Weizen

Jedes Jahr im Sommer leuchtet auf den Feldern das reife Getreide.
Eine häufige Getreideart ist der Weizen. Am oberen Ende des Stängels sitzen dicht gedrängt Körner, die Früchte des Weizens. Weizen hat kurze Grannen. Alle Körner zusammen – das ist der Fruchtstand – nennt man Ähre. Der lange, hohle Stängel (Halm) hat an einigen Stellen Verdickungen. Sie heißen Knoten und geben dem Halm Festigkeit. Sie verhindern zum Beispiel, dass er bei starkem Wind umknickt.

Auch Mais ist eine Getreideart. An den kräftigen Stängeln, die bis zu drei Meter hoch werden können, wachsen die Maiskolben. Sie sind etwa 20 Zentimeter groß und werden von großen Blättern eingehüllt. Mais hat von allen Getreidearten die größten Körner.

1 Vergleiche Weizen- und Maispflanze miteinander.
Skizziere beide Pflanzen.

Mais

● M 9 Eine Skizze anlegen, Seite 9   ▶ Arbeitsheft: Seite 22, 23

Weizen

Roggen

Gerste

Hafer

Außer Weizen und Mais werden bei uns hauptsächlich Roggen, Gerste und Hafer angebaut.

Die Getreidearten kann man am besten an den reifen Fruchtständen unterscheiden. Am leichtesten ist der Hafer zu erkennen. Seinen Fruchtstand nennt man Rispe.

2 Besorgt euch reife Ähren oder Rispen von den vier Getreidearten. Vergleicht sie miteinander.

3 Vergleicht nun die verschiedenen Getreidekörner miteinander.

Übrigens

Reis

Hirse

Nicht überall auf der Welt können unsere heimischen Getreidearten wachsen.

Reis wird vorwiegend in Asien angebaut. Die Reispflanze muss im Wasser stehen, um zu gedeihen.

Hirse wird hauptsächlich in Asien und Afrika angebaut. Sie kann auch gut auf trockenen Böden wachsen.

Auf beiden Erdteilen hungern immer noch viele Menschen.

1 Überlege, warum in der Welt so viele Menschen hungern.

2 Erkunde Gerichte aus Reis und Hirse.

○ Lernsoftware: Nr. 28, 29

Die Kartoffel

Blüte

Blatt

Beere

Stängel

Wurzel

Knolle

Die Kartoffel zählt zu den wichtigsten Nahrungsmitteln in Deutschland.

Von der Kartoffelpflanze essen wir nur die Knollen. Diese wachsen unter der Erde.

Im Frühjahr werden die Kartoffelknollen in den Boden gelegt. Auf jeder Knolle befinden sich in kleinen Vertiefungen die Knospen. Sie werden auch „Augen" genannt.

Bald sprießen aus diesen „Augen" der Mutterknolle Triebe. Nach vier Wochen erreicht ein Trieb die Erdoberfläche und bildet erste Blätter. Bis zum Sommer wächst der Stängel der Pflanze bis zu einem Meter hoch und entfaltet weitere Blätter.

Schließlich zeigen sich weiße oder violette Blüten, die zu grünen Beeren reifen. Diese sind giftig, wie alle grünen Teile der Kartoffel. Unter der Erde verdicken sich die Enden der Wurzeln zu 10 bis 25 „Tochterknollen". Während diese Knollen sich vergrößern, schrumpft die Mutterknolle und fault.

Im Herbst beginnt die Pflanze zu welken und die Kartoffeln sind reif zur Ernte.

1 Beschreibe mithilfe der Bilder, wie aus einer Mutterknolle neue Kartoffeln werden.

Zur Ernte hebt der Roder mit seiner Schar die Kartoffelpflanzen aus der Erde und schiebt sie ins Innere der Maschine. Dort werden Kartoffelkraut und Erde von den Kartoffelknollen getrennt und fallen auf das Feld. Auf einem Sortierband werden dann kleine, beschädigte oder faule Kartoffeln aussortiert. Anschließend werden die Kartoffeln in große Transportbehälter gefüllt.

Die Geschichte der Kartoffel

Vor 500 Jahren kannten die Menschen in Europa noch keine Kartoffeln. Aber die Indianer Südamerikas bauten sie schon seit Jahrtausenden an. Sie hatten nämlich entdeckt, dass sich Kartoffeln lange aufbewahren lassen und so während des ganzen Jahres als Nahrung zur Verfügung stehen. Nach Europa gelangten die ersten Kartoffelknollen erst um 1600 durch spanische Seefahrer. Aber lange Zeit konnten sich die Menschen nicht vorstellen, die unter der Erde wachsenden Knollen zu verspeisen. Es kam vor, dass irrtümlich die grünen Beeren gegessen wurden, die zu Vergiftungen führten. Um den Anbau von Kartoffeln zu fördern, griff der preußische König zu einer List. Er befahl, Kartoffeln auf seinen Feldern zu pflanzen und diese streng durch Soldaten zu bewachen. Nun wurden die Bauern, die bis dahin Kartoffeln nicht anbauen wollten, nachdenklich: „Wenn der König diese Kartoffeln bewachen lässt, sind sie sicher wertvoll!" Als die Soldaten in der Nacht – wie der König befohlen hatte – scheinbar unaufmerksam waren, stahlen die Bauern die Kartoffeln und pflanzten sie auf ihren Feldern.

2 Beschreibe, wie die Kartoffel von Südamerika nach Europa gelangte.

Haltung und Beweglichkeit des Körpers

Ein erwachsener Mensch hat ungefähr 206 Knochen. Sie sind besonders geformt und angeordnet. Gemeinsam bilden sie das Skelett oder Knochengerüst. Das Skelett stützt den Körper und trägt sein Gewicht. Jeder einzelne Knochen des Skeletts ist hart und unbeweglich. Durch Gelenkverbindungen am Ende der Knochen erhalten wir unsere Beweglichkeit. Mithilfe von Muskeln und Gelenken können wir Teile unseres Körpers strecken, beugen oder drehen.

1 Schau dir das Knochengerüst der Basketballspielerin genau an. Nenne die Namen der Gelenke.

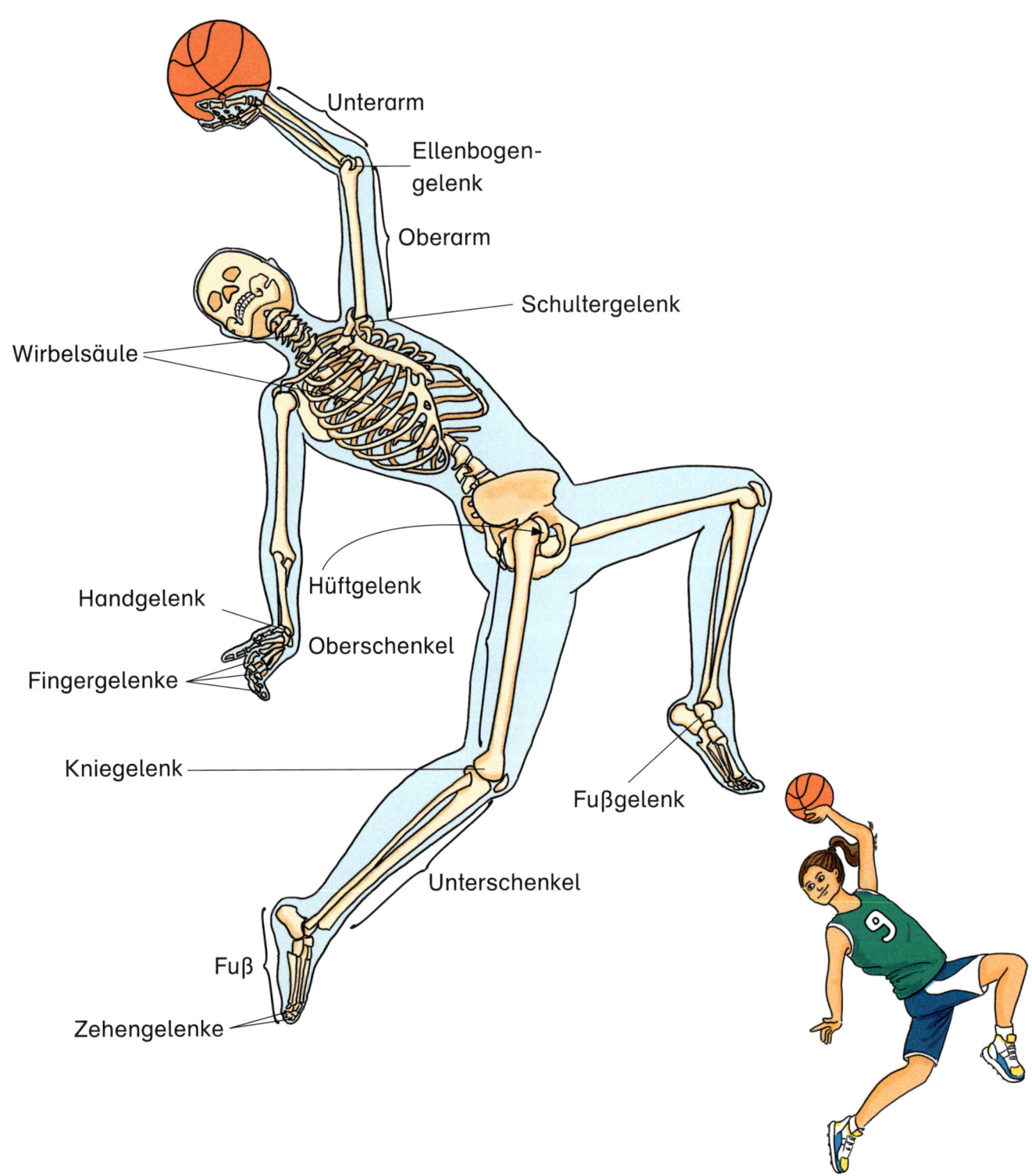

■ So bleibe ich gesund, Seite 42/43   ▶ Arbeitsheft: Seite 25

Gelenke

So könnt ihr durch Tasten herausfinden, wo sich im Körper Gelenke befinden.
Ihr braucht: Kreppband und einen Partner.

1 Arbeitet mit einem Partner. Findet durch Tasten und Bewegen heraus, wo sich die Gelenke befinden.

2 Markiert die Gelenke mit einem Stück Kreppband und benennt sie. Notiert die Gelenke mit den richtigen Gelenknamen.

Die Wirbelsäule

Die Hauptstütze des Körpers ist die Wirbelsäule. Sie ist empfindlich gegen Stöße und einseitige Belastung.

1 Ertastet gegenseitig eure Rückenwirbel. Beschreibt, wie sich die Wirbel anfühlen.

2 Trage deine Schultasche erst auf dem Rücken und dann in der Hand. Beschreibe, wie sich deine Körperhaltung verändert.

2 Vergleiche das Kind, das die Schultasche mit der linken Hand trägt, mit der Schemazeichnung rechts. Was fällt dir an dieser Wirbelsäule auf?

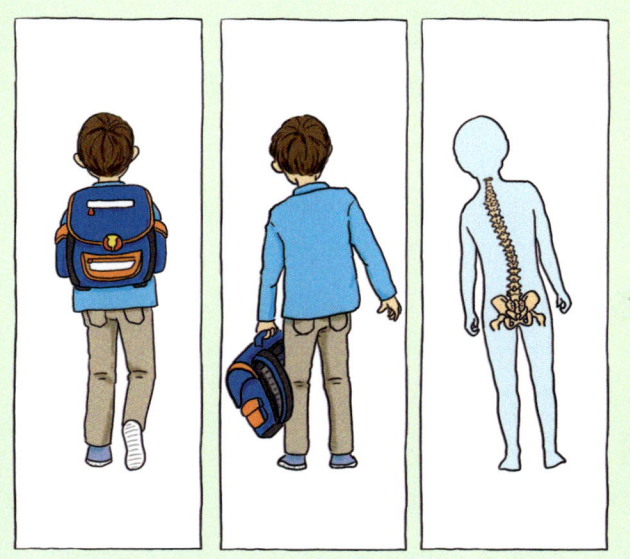

○ Lernsoftware: Nr. 15, 16

Zuneigung, Zärtlichkeit, Liebe

1 Betrachte und beschreibe die Fotos.
Gib ihnen eine Überschrift.

2 Schreibe auf, wie auf den Fotos
Zuneigung oder Liebe dem anderen
gezeigt werden.

3 Begründe, welches Foto dir am besten
gefällt.

4 Gestalte selbst ein Plakat zum Thema.

> Wenn man einen anderen so mag, dass man ohne ihn gar nicht mehr sein möchte, dann ist es Liebe.

5 Was ist Liebe?
Finde Beispiele. Versuche selbst eine
Antwort auf die Frage zu geben.

■ Wie ein Baby wächst und geboren wird, Seite 38/39

Wenn ein Mann und eine Frau sich lieben, entsteht zwischen ihnen eine große Anziehungskraft. Manchmal wollen sie sich ganz nah sein und sich am ganzen Körper spüren. Sie küssen und streicheln sich. Dabei wird das Glied des Mannes steif und richtet sich auf.

Bei der Frau wird die Scheide feucht. Es ist für beide ein schönes Gefühl, wenn das Glied in die Scheide gleitet und sie sich hin und her bewegen. Nach einer Weile fließt aus dem Glied Samenflüssigkeit in die Scheide.

Wenn ein Mann und eine Frau sich so lieben, sagt man, sie schlafen miteinander oder sie haben Geschlechtsverkehr.

In der Samenflüssigkeit schwimmen Millionen von Samenzellen. Sie werden in den Hoden des Mannes gebildet. Beim Geschlechtsverkehr gelangen sie durch die Samenleiter und das Glied in den Körper der Frau.

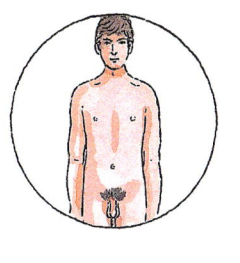

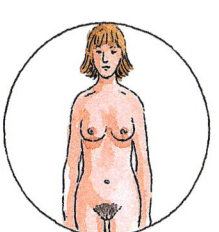

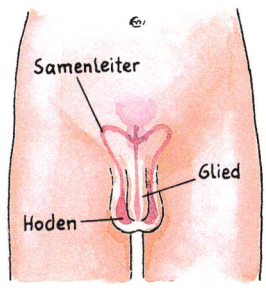

Samenleiter

Glied

Hoden

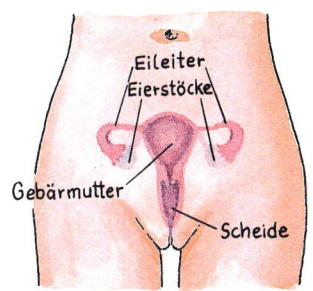

Eileiter
Eierstöcke

Gebärmutter

Scheide

Dort bewegen sich die Samenzellen durch die Gebärmutter zu den beiden Eileitern. Am Ende des Eileiters ist ein Eierstock. Dort reift jeden Monat eine Eizelle. Diese verlässt den Eierstock.

Wenn die Eizelle mit einer Samenzelle zusammentrifft, können sie miteinander verschmelzen. Die Eizelle ist dann befruchtet. Sie setzt sich in der Gebärmutter fest und beginnt zu wachsen. In den folgenden neun Monaten entwickelt sich daraus ein Kind.

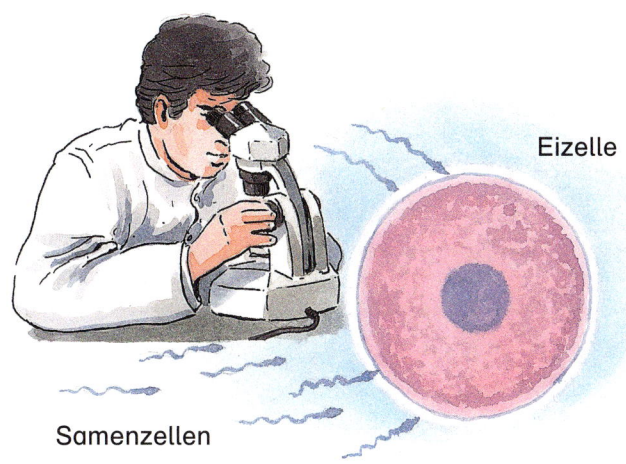

Eizelle

Samenzellen

Samenzellen und Eizelle sind nur mit dem Mikroskop zu erkennen.

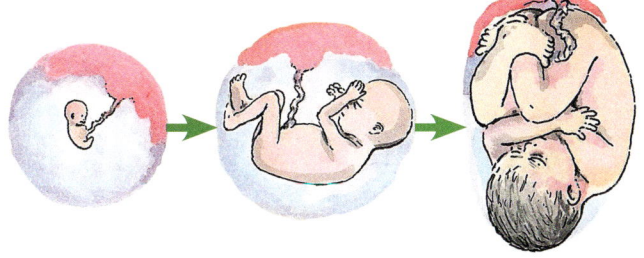

Der Geschlechtsverkehr zwischen Mann und Frau kann dazu führen, dass neues Leben entsteht. Um das zu verhindern, werden Verhütungsmittel benutzt. Diese verhindern entweder die monatliche Reifung der Eizelle oder dass die Samen die Eizelle erreichen. Die häufigsten Verhütungsmittel sind Antibabypillen oder Kondome.

Wie ein Baby wächst und geboren wird

Jule spielt gerade in ihrem Zimmer, als ihre Eltern ihr freudig die neue Nachricht überbringen. Jetzt bekommt sie endlich ein Geschwisterchen!

Gemeinsam schaut sie sich mit ihren Eltern ein Fotoalbum an, in dem sie als Baby zu sehen ist.

1 Bringt Erinnerungsstücke und Fotos aus eurer Babyzeit mit.

2 Informiert euch darüber, wie ihr als Baby gewesen seid. Erzählt davon.

3 Erkundigt euch, was ein Baby braucht.

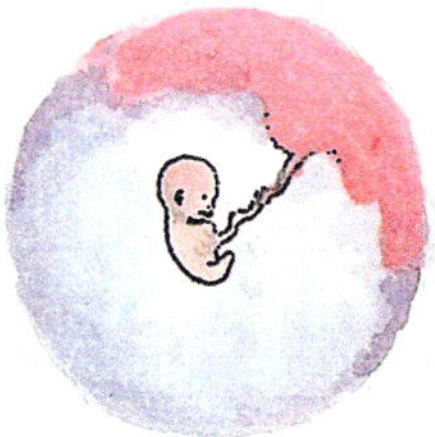

So entwickelt sich ein Baby

Die Entwicklung eines Kindes dauert neun Monate. Sie vollzieht sich etwa so:

1. Monat: Es ist etwa so groß wie ein Stecknadelkopf.

2. Monat: Augen, Ohren, Mund, Nase, Arme und Beine entwickeln sich. Die Größe entspricht der eines Fingers.

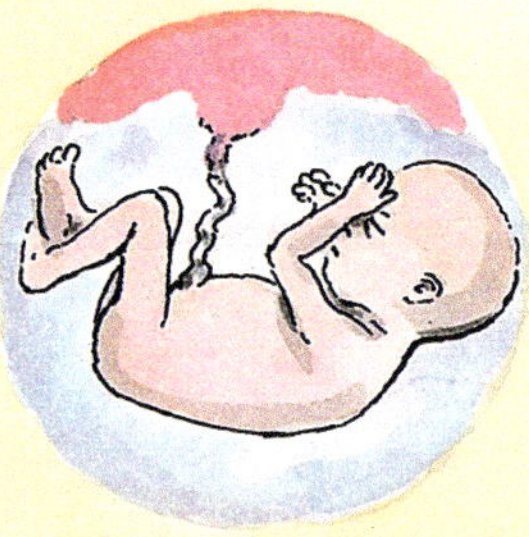

3. Monat: Erste Bewegungen sind spürbar. Es ist klar, ob es ein Junge oder Mädchen wird.

4. Monat: Es fühlt sich im Bauch der Mutter wohl und kann schon am Daumen nuckeln.

5. Monat: Es kann schon kräftig mit den Beinen strampeln.

6. Monat: Weil es schnell wächst, wird der Bauch der Mutter immer dicker.

7. Monat: Alles, was es braucht, bekommt es durch die Nabelschnur. Es wächst rasch und ist schon beinahe „fertig".

8. Monat: Langsam dreht es sich in die Richtung, in der es geboren wird.

9. Monat: Es ist soweit. Alle freuen sich über ein gesundes Baby.

■ Zuneigung, Zärtlichkeit, Liebe, Seite 36/37

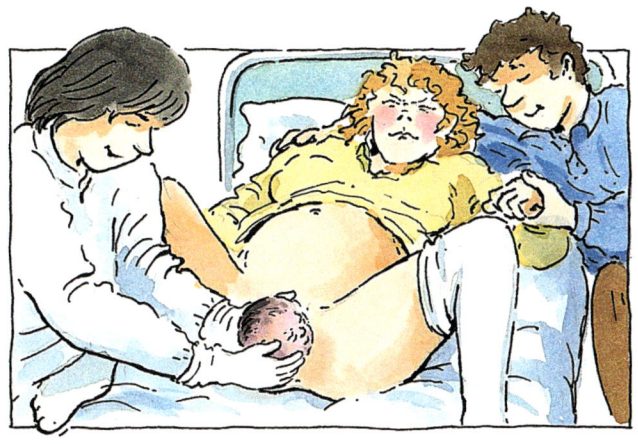

Neun Monate sind vergangen. Jules Mutter hat „Wehen" bekommen. Dabei zieht sich die Gebärmutter zusammen und drückt das Baby nach unten. Bald wird es geboren. Die Eltern fahren deshalb ins Krankenhaus.
Dort hilft eine besondere Krankenschwester, die Hebamme, bei der Geburt.

Die Wehen werden stärker. Die Mutter presst das Baby durch die Scheide heraus. Zuerst ist der kleine Kopf zu sehen. Der kleine Junge schreit laut. Gleich legt die Hebamme den Kleinen auf den Bauch der Mutter.
Er sucht nach der Brust der Mutter, um Muttermilch zu trinken.

4 Beschreibe die auf den Bildern dargestellten Situationen.

5 Schreibe auf, was Jule jeweils gedacht oder gefühlt haben könnte.

Mädchen und Jungen entwickeln sich

ich

Wenn du älter wirst, veränderst du dich. Auch die Beziehungen zu den Menschen um dich herum verändern sich.

launisch

Wenn du manchmal launisch oder traurig bist, dann mach dir keine Sorgen. Es ist auch normal, dass du dich selbst und andere nervst.

Ich will ...

unabhängig

Du willst vieles selbst entscheiden und das führt zu Spannungen mit deinen Eltern.

Andere in deinem Alter erleben etwas Ähnliches. Und alle, die dir jetzt alt vorkommen, haben in ihrer Jugend solche Erfahrungen gemacht.

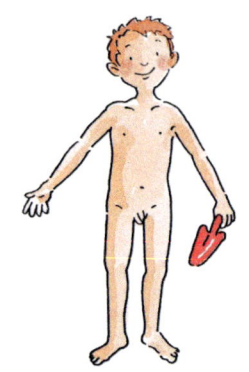

Du bist in der Pubertät. Das ist die Zeit, in der der Übergang vom Kind zum Erwachsenen stattfindet.

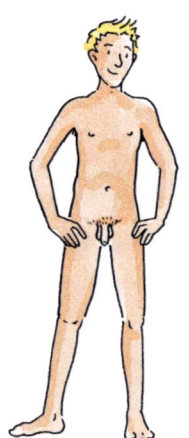

Bei einem Jungen wird die Stimme tiefer und die ersten Barthaare sind zu sehen. Auch in den Achselhöhlen und oberhalb des Gliedes wachsen Haare.

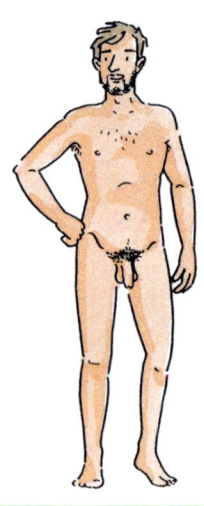

Sauberkeit ist wichtig
In der Pubertät ändert sich die Beschaffenheit der Haut. Daher solltest du dich täglich gründlich waschen oder duschen. In den Achselhöhlen schwitzen viele Leute, vor allem wenn sie aufgeregt sind.

Ein Deodorant kann das Waschen nicht ersetzen. Auch die Geschlechtsorgane sollten täglich gewaschen werden.

■ Zuneigung, Zärtlichkeit, Liebe, Seite 36/37   ► Arbeitsheft: Seite 26

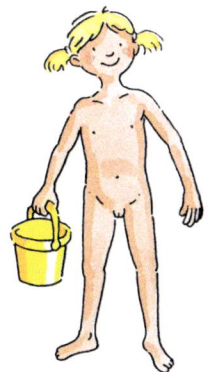

Vielleicht hilft es dir zu wissen, dass ein Teil der Gefühle, die du erlebst, mit den Veränderungen in deinem Körper zusammenhängen. Du kannst sie selbst nicht beeinflussen.

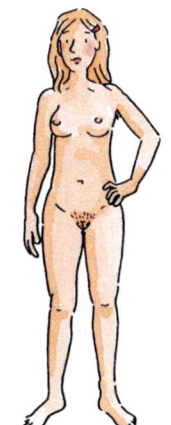

Mädchen werden in der Pubertät fraulicher und die Brust entwickelt sich.

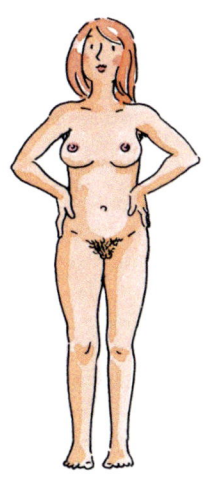

In den Achseln und an der Scheide wachsen Haare. Alle vier Wochen bekommen Mädchen und Frauen ihre Monatsblutungen.

Freunde

Viele Jugendliche haben enge Freunde. Manche verlieben sich auch schon. Es ist sehr wichtig und schön, gute Freunde zu haben. Du solltest dich aber nicht zu sehr von anderen bestimmen lassen. Sag ruhig, wenn du dich bei bestimmten Dingen nicht wohlfühlst und deshalb nicht mitmachen willst.

schüchtern

Manche Jugendliche sind schüchtern und sehr zurückhaltend. Sie haben nur wenig Selbstbewusstsein. Auch Erwachsene sind oft schüchtern. Man merkt es ihnen nur nicht an. Denn man kann sein Verhalten trainieren und damit bestimmte Situationen überspielen.

Was geschieht in meinem Gesicht?
Während der Pubertät haben viele Jugendliche Probleme mit Pickeln.
Du brauchst Geduld, um herauszufinden, was das Beste für deine Haut ist. Wichtig ist häufiges Waschen mit milder Seife ohne Duftstoffe.

Manchmal hilft es auch, auf scharf gewürztes Essen zu verzichten. Wenn die Pickel nicht zurückgehen, solltest du einen Arzt um Rat fragen.

○ Lernsoftware: Nr. 84

So bleibe ich gesund

Alle Menschen möchten gesund leben und gesund bleiben. Viele Menschen wissen aber nicht, was sie selbst dazu beitragen können. Auf diesen Seiten erfährst du, worauf du achten sollst, damit du rundum gesund lebst. In der Abbildung sind kreisförmig sechs Teilbereiche angeordnet. Sie zeigen Möglichkeiten zum Gesundbleiben. Alle Teilbereiche sind gleich wichtig und notwendig für ein gesundes Leben.

1 Sieh dir die gesamte Abbildung des Kreises an.

Die sechs Teile des Kreises nennt man Segmente.

Nenne die sechs Überschriften der Kreissegmente.

2 Wähle einzelne Segmente des Kreises aus.

Erkläre, welche Voraussetzungen für ein gesundes Leben darin genannt werden.

3 Nenne zu jedem Segment des Kreises Beispiele, wie man gesund leben und gesund bleiben kann.

4 Denke nach und überlege, ob du genug auf deine Gesundheit achtest.

Nenne Beispiele, was du tust, um gesund zu leben.

5 Frage dich, ob du etwas an deinem Verhalten ändern solltest.

Bewegung

Tägliche Bewegung an der frischen Luft und regelmäßig Sport halten uns fit.

Freunde

Freunde geben uns das gute Gefühl, wichtig und liebenswert zu sein.

Wenn man etwas tut, muss es maßvoll und bewusst geschehen. Fernsehen, Computerspiele und Süßigkeiten sind nicht verboten, aber man darf es nicht übertreiben.

Genuss

- Haltung und Beweglichkeit des Körpers, Seite 34/35
- Puls und Atmung, Seite 44/45

Dieser Kreis zeigt, was die Gesundheit fördert. Gleichzeitig kannst du daraus aber auch ablesen, welche Gefahren es für die Gesundheit gibt.

Wer nicht genug auf die Regeln in den sechs Segmenten achtet, gefährdet seine Gesundheit. Niemand ist jedoch perfekt und verhält sich immer völlig richtig. Wer sich gesundheitsbewusst verhält und nur selten davon abweicht, bringt seine Gesundheit nicht in Gefahr.

Ruhe

Durch ausreichend Schlaf und einen sinnvollen Wechsel von Arbeit und Entspannung fühlt man sich wohl.

Pflege

Tägliche Körperpflege, saubere Kleidung und eine schadstofffreie Umgebung sind wichtig.

Die Nahrung soll in der richtigen Menge verzehrt werden und ausgewogen und vielseitig sein.

Ernährung

6 Nenne für jedes Segment des Kreises Beispiele für Verhalten, das schädlich für die Gesundheit ist.

Dieser Junge ist meist allein. Er hat keine Freunde und sitzt oft vor dem Fernseher oder dem Computer.
Er bewegt sich nicht gern. Aus Langeweile isst er viel. Eigentlich findet er sich zu dick. Er fühlt sich nicht wohl und hat oft schlechte Laune. Dann tröstet er sich mit noch mehr Süßigkeiten. Der Junge ist unglücklich und würde gern etwas ändern. Aber wie?

7 Was würdest du diesem Jungen raten? Was kann er selbst tun?

8 Wie können andere Menschen ihm helfen?

Puls und Atmung

Der Puls zeigt an, wie schnell das Herz schlägt. Mit jedem Schlag pumpt das Herz das Blut durch die Adern. Dadurch weiten sich die Adern. Sie ziehen sich danach sofort wieder bis zum nächsten Herzschlag zusammen. Du kannst deinen Puls am Handgelenk oder am Hals gut spüren.

1 Fühle deinen Puls 15 Sekunden lang. Zähle die Pulsschläge. Multipliziere den Wert mit vier. Nun hast du die Zahl der Pulsschläge pro Minute ermittelt.

2 Fühle den Puls bei einem Mitschüler. Ermittle die Pulsschläge pro Minute.

Den Puls messen

Du brauchst eine Uhr mit Sekundenzeiger.

Zahl der Pulsschläge in der Minute			
Name	in Ruhe	nach 20 Kniebeugen	3 Minuten später
Nina	80	124	84
Katrin	96	142	102

Mein Puls:			
Name	in Ruhe	nach 20 Kniebeugen	3 Minuten später

1 Zeichne eine Tabelle. *Mein Puls:*

2 Beobachte deinen Puls in Ruhe und nach einer Anstrengung.

3 Trage nach jedem der folgenden Schritte die gemessenen Pulsschläge pro Minute in deiner Tabelle ein.

4 Setze dich ruhig auf einen Stuhl. Zähle deine Pulsschläge pro Minute.

5 Mache nun 20 Kniebeugen.

6 Zähle sofort danach deine Pulsschläge pro Minute.

7 Zähle nach drei Minuten deine Pulsschläge pro Minute.

8 Vergleiche deine Werte. Vergleiche auch mit den Werten deiner Mitschüler.

So arbeitet das Herz

Der Herzmuskel pumpt das Blut bis in die kleinsten Adern des Körpers und wieder zurück zum Herz.

Das Blut hat die Aufgabe, Sauerstoff und Nährstoffe im Körper zu verteilen und verbrauchte Stoffe mitzunehmen.

Bei Anstrengungen muss der Körper besonders gut mit Nährstoffen und Sauerstoff versorgt werden. Deshalb schlägt das Herz dann sehr schnell.

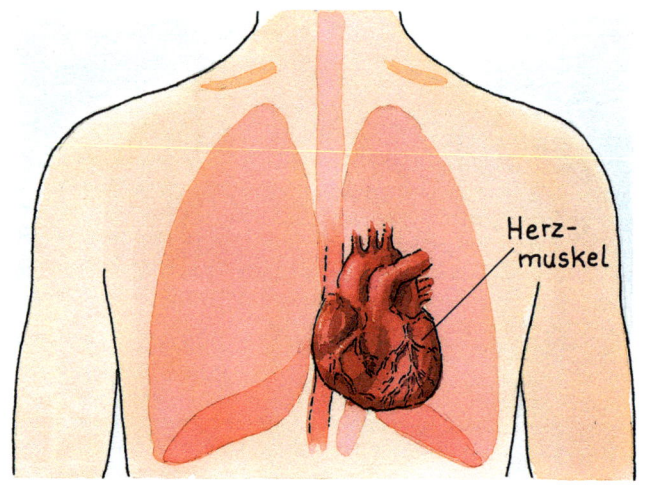

Herz-muskel

■ So bleibe ich gesund, Seite 42/43 ▶ Arbeitsheft: Seite 27

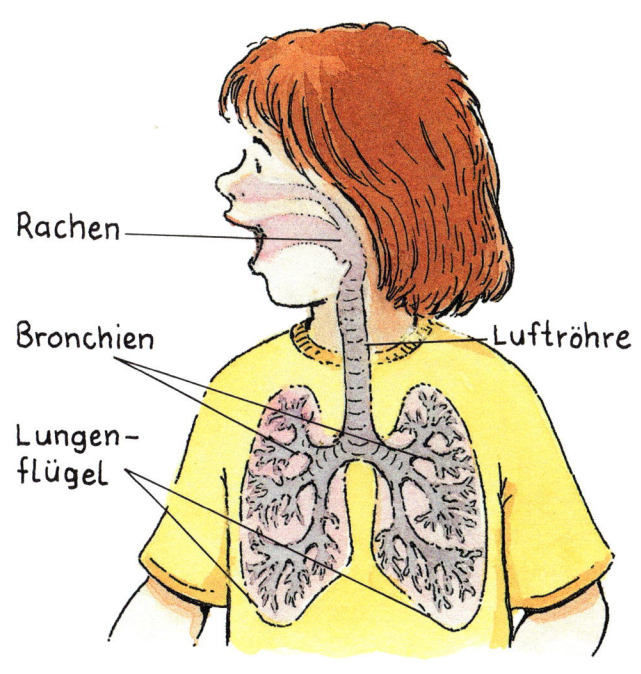

Rachen

Bronchien

Lungen-
flügel

Luftröhre

Ich bin außer Puste!

Jeder Mensch atmet ständig frische Luft ein und verbrauchte Luft aus.

Das Atmen funktioniert ganz automatisch. Wir müssen uns darüber keine Gedanken machen. Wir atmen frische Luft durch die Nase oder durch den Mund ein. Die Luft gelangt in den Rachen und von dort in die Luftröhre.

Die Luftröhre teilt sich in zwei Bronchien. Sie führen die frische Luft zu den Lungenflügeln. Beim Ausatmen über Nase oder Mund wird verbrauchte Luft ausgeschieden.

Brustatmung

1 Setze dich entspannt auf einen Stuhl. Atme ein und aus. Lege beide Hände auf deinen Brustkorb. Was spürst du?

2 Lass beide Hände weit über den Oberkörper wandern. Wo spürst du deinen Atem?

Bauchatmung

1 Lege dich entspannt auf den Rücken. Atme ein und aus. Was beobachtest du?

2 Lege deine Hände rechts und links vom Nabel auf deinen Bauch. Atme ruhig ein und aus. Was spürst du?

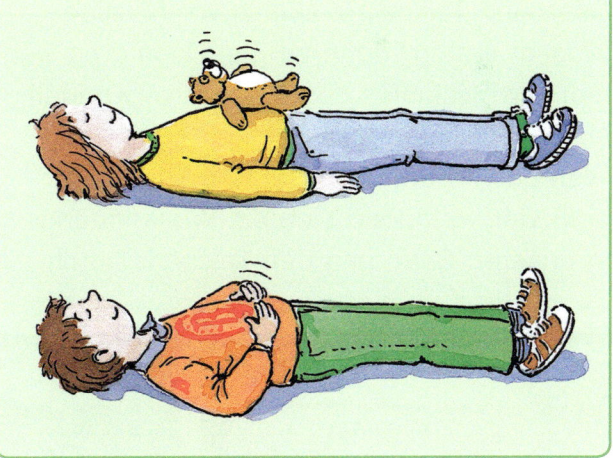

3 Beschreibe die Aufgaben, die das Herz übernimmt.

4 Beschreibe die Aufgaben, die das Blut im Körper übernimmt.

5 Erläutere, wie das Atmen funktioniert. Betrachte dazu das Bild oben auf dieser Seite.

6 Beobachte deine Atmung beim Singen vor einem Spiegel. Beschreibe, was du gesehen hast.

7 Informiere dich, was du für die Gesunderhaltung deiner Atmungsorgane tun kannst.

Wasser kann sich verwandeln

In der Natur kannst du Wasser in verschiedenen Formen wahrnehmen.

Im Winter, wenn es sehr kalt ist, frieren Seen und Teiche zu. Das zuvor flüssige Wasser erstarrt dann zu Eis. Sobald es wärmer wird, schmilzt das Eis und verwandelt sich wieder in Wasser.

Wenn es im Sommer mehrere Tage sehr heiß war, verändert sich die Wassermenge in unseren Seen und den Teichen. Durch die Hitze ist das Wasser unsichtbar in die Luft verdunstet.

Wasser kommt in der Natur in drei Zustandsformen vor. Es kann flüssig, fest oder gasförmig sein.

Wasser im gasförmigen Zustand ist nicht sichtbar.

1 Beschreibe die Abbildungen. Ordne jedem Foto die richtige Zustandsform des Wassers zu.

2 Betrachte die drei Bilder genau. Welche Veränderungen stellst du fest? Beschreibe.

3 Finde selbst eine Bilderfolge, zum Beispiel aus dem Haushalt, in der sich Wasser verwandelt. Erzähle, skizziere oder fotografiere.

● M 9 Eine Skizze anlegen, Seite 9
● M 11 Einen Versuch selbst planen und durchführen, Seite 10

■ Wasser geht nicht verloren, Seite 48/49

Wasser in gasförmigem Zustand ist unsichtbar in deiner Atemluft enthalten. Durch den Kontakt mit einer kalten Oberfläche, hier ist es ein Spiegel, wird das gasförmige Wasser wieder flüssig und sichtbar. Der Übergang des Wassers von der gasförmigen in die flüssige Form wird Kondensieren genannt.

Versuch 1

1 Nimm einen Handspiegel und hauche ihn an. Beobachte die Oberfläche des Spiegels. Wiederhole dieses mehrmals.

2 Erkläre, was mit dem Wasser auf dem Spiegel passiert.

Versuch 2

Du brauchst: zwei Schalen, die gleiche Menge Wasser, eine Plastiktüte mit Verschluss.

1 Fülle zwei Schalen mit der gleichen Menge Wasser. Stelle eine Schale in einen Plastikbeutel und verschließe ihn. Stelle beide Schalen in die Sonne oder in die Nähe einer Heizung. Lass die Schalen drei Tage lang stehen.

2 Vermute, was mit dem Wasser in den Schalen passieren wird.

3 Beobachte den Versuch über einen Zeitraum von drei Tagen. Notiere deine Beobachtungen und skizziere sie.

4 Vergleiche deine Ergebnisse mit der Vermutung.

5 Finde eine Erklärung.

Versuch 3

Du brauchst: einen Teller, ein Glas Wasser, einen wasserfesten Stift.

1 Fülle in beide Gefäße die gleiche Menge Wasser und stelle sie in die Sonne oder in die Nähe einer Heizung. Markiere mit einem wasserfesten Stift den Wasserstand.

2 Vermute, wie lange es dauert, bis das Wasser im Teller und im Glas verdunstet ist.

3 Beobachte den Versuch täglich. Schreibe jede Veränderung auf und skizziere deine Beobachtung.

4 Vergleiche deine Ergebnisse mit der Vermutung.

5 Finde eine Erklärung.

▶ Arbeitsheft: Seite 28   ○ Lernsoftware: Nr. 42

Wasser geht nicht verloren

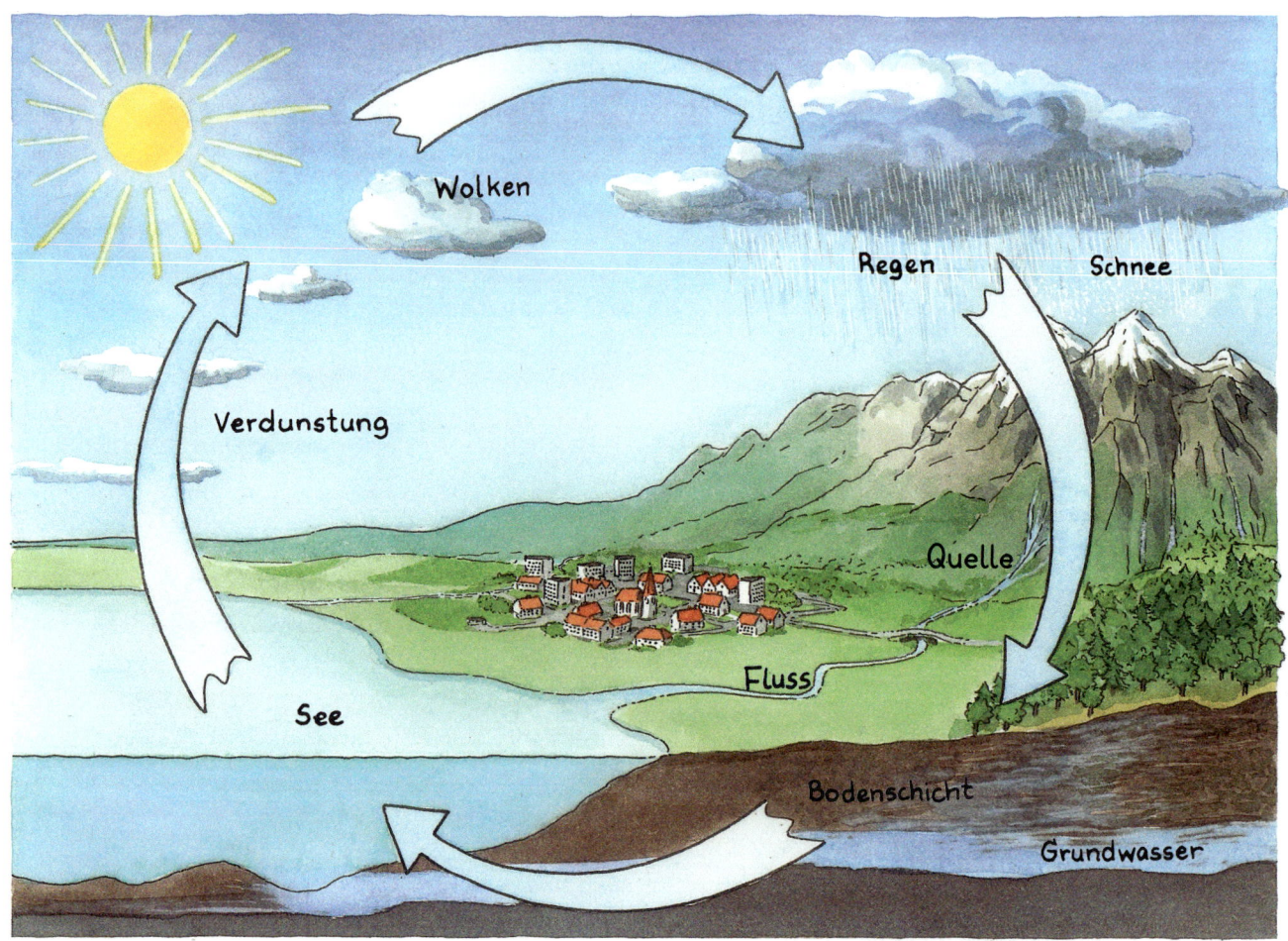

Du hilfst beim Aufhängen der Wäsche. Sie fühlt sich nass und schwer an. Nach einigen Stunden ist die Wäsche getrocknet und leichter geworden. Was ist geschehen? Durch den Einfluss der Sonnenwärme verdunstete das Wasser in der Wäsche.

Überall auf der Erde verdunstet ständig Wasser. Nicht nur aus den Meeren, Seen und Flüssen steigt gasförmiges Wasser (Wasserdampf) auf, sondern von allen feuchten Flächen. Einige trocknen dabei aus, wie zum Beispiel Pfützen auf der Straße.
Aus dem Wasserdampf werden wieder sehr kleine Wassertropfen. Sie bilden Wolken. Aus den Wolken gelangt das Wasser als Niederschlag wieder auf die Erde.
Das Regenwasser sammelt sich in Rinnsalen, Bächen, Flüssen und Seen. Alle Bäche und Flüsse fließen dem Meer zu. Dieses Wasser bildet das Oberflächenwasser, das wir sehen können.
Vom gesamten Wasser der Erde geht kein einziger Tropfen verloren. Es befindet sich immer im dargestellten Kreislauf.

1 Beschreibe, wie das Wasser vom Meer in die Wolken gelangt.

2 Wie gelangt das Wasser wieder auf die Erde?

3 Verfolge und beschreibe den Weg des Wassers von der Quelle bis zum Meer.

4 Skizziere und erkläre den Kreislauf des Wassers.

5 Begründe, warum kein einziger Tropfen Wasser der Erde verloren geht.

● M 11 Einen Versuch selbst planen und durchführen, Seite 10   ■ Wasser kann sich verwandeln, Seite 46/47

Grundwasser und Quellen

Ein großer Teil des Regenwassers versickert im Boden. Dort wird das Wasser von den Pflanzen aufgenommen oder dringt in immer tiefer liegende Bodenschichten ein. Die Zeichnung zeigt einen Schnitt durch verschiedene Bodenschichten: Humus, Sand, Kies, Ton. Manche Bodenschichten lassen das Wasser hindurch. Andere Bodenschichten sind wasserundurchlässig. Über diesen sammelt sich das Regenwasser als Grundwasser. An manchen Stellen tritt es in Quellen wieder ans Tageslicht.

Im Bodenlabor

Ihr braucht: einen Blumentopf, Humus, Sand, Kies, Ton, ein Einmachglas und ein Gefäß mit Wasser.

1 Überprüft nacheinander die Wasserdurchlässigkeit der verschiedenen Bodenarten.

Quellenmodell

1 Baut ein Quellenmodell. Am besten gelingt es mit einem schmalen Gefäß aus Plexiglas. Die Seitenteile sind aus Holzleisten. An einer Seite werden in gleichen Abständen Löcher gebohrt.

2 Füllt die verschiedenen Bodenarten in beliebiger Reihenfolge Schicht für Schicht ein. Vermutet, wo die „Quelle" entstehen wird. Gießt Wasser oben in das Modell und beobachtet.

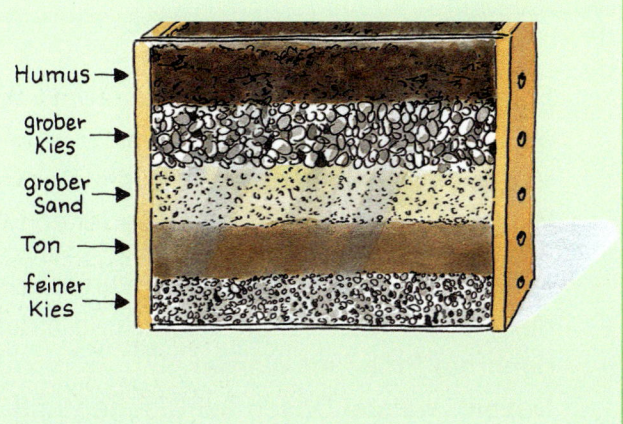

▶ Arbeitsheft: Seite 29   ○ Lernsoftware: Nr. 43

Schwimmen, Sinken und Schweben

Tim wundert sich, dass manche Gegenstände schwimmen und andere Gegenstände untergehen. Daraufhin überprüft er mit Fiona, welche Gegenstände schwimmen und welche sinken.

Ulrike liest aus einem Lexikon vor: „Alle Materialien, die leichter sind als die gleiche Menge Wasser, schwimmen. Alle Materialien, die schwerer sind als die gleiche Menge Wasser, versinken."

Überprüfe deine Vermutung mit dem Ergebnis.

1 Lege verschiedene Gegenstände bereit. Vermute, was schwimmt und was sinkt.

2 Überprüfe und vergleiche mit der Vermutung.

	Vermutung		Ergebnis	
Gegenstände	sinkt	schwimmt	sinkt	schwimmt
Korken				

Überprüfe durch Wiegen, welche Stoffe schwimmen und welche sinken werden.

1 Fülle eine Kunststoffdose randvoll mit Wasser, eine andere mit Styroporbröseln. Verschließe beide Dosen mit dem Deckel. Wiege die Dosen. Welche Dose ist schwerer?

2 Fülle eine Dose mit Sand und vergleiche mit der Wasserdose. Wiege zuerst und mache dann die Probe im Wasser. Notiere, welche Dosen schwimmen und welche Dosen sinken. Erkläre.

● M 11 Einen Versuch selbst planen und durchführen, Seite 10

Überprüfe selbst verschiedene Materialien

1 Fülle gleich große Kunststoffdosen randvoll mit verschiedenen Materialien. Vergleiche sie mit einer wassergefüllten Dose. Notiere deine Vermutungen und überprüfe.

leichter als Wasser wird schwimmen	schwerer als Wasser wird versinken
Styropor	

Überprüfe, ob Knetgummi schwimmen kann.

1 Vermute: Können die abgebildeten Knetgummifiguren schwimmen? Forme die Figuren aus Knete und setze sie ins Wasser. Beobachte! Versuche, die Ergebnisse zu erklären.

Überprüfe, ob eine mit Sand gefüllte Kunststoffdose im Wasser schweben kann.

1 Probiere aus, ob du eine Kunststoffdose in einem Wasserbehälter schweben lassen kannst.

2 Fülle dazu so viel Sand in die Dose, dass sie wie ein Tauchboot im Wasser schwebt.

Übrigens

Tauchboote können in große Tiefen sinken, aber auch wieder aufsteigen. Um schwerer zu werden, füllen sie Wasser in Tanks. Um aufzusteigen, blasen sie die Tanks mit Druckluft wieder leer. Dadurch werden sie leichter.
Wenn ein Tauchboot in einer bestimmten Tiefe schweben will, muss es gleich schwer wie das umgebende Wasser sein.

Luft (1)

Im Morgenkreis stellen Mia und Tim das Kindermagazin PuBlu vor. Darin interessiert sie besonders ein Artikel zum Thema „Luft". Mia sagt: „Ich wusste gar nicht, dass Luft ein Gasgemisch ist." Tim wundert sich: „Luft soll ein Gewicht haben, ich spüre die Luft gar nicht richtig." Leon stellt fest: „Luft kann viel mehr als ich dachte."
Es bleiben einige offene Fragen. Daher schlägt die Lehrerin vor, verschiedene Stationen im Klassenraum und auf dem Schulhof aufzubauen und Versuche zum Thema „Luft" durchzuführen.

Luft ist überall

Luft ist überall um uns herum, obwohl wir sie in der Regel nicht riechen, schmecken, sehen, hören oder fassen können. Es gibt aber auch Situationen, wo bewegte Luft zu spüren ist oder sichtbar wird.
Die Luft braucht Platz, trägt, bremst, strömt, hat Kraft, treibt an, löst chemische Reaktionen aus, dehnt sich aus, hat Gewicht, übt Druck aus, obwohl wir diesen nicht richtig spüren.
Luft ist ein Gasgemisch, das aus vielen winzig kleinen Teilchen besteht. Die wichtigsten Bestandteile der Luft sind Sauerstoff, Stickstoff und Kohlenstoffdioxid. Viele Lebewesen können ohne Luft nicht leben. Beim Atmen nehmen Tiere und Menschen Sauerstoff auf und geben Kohlenstoffdioxid ab. Pflanzen können Kohlenstoffdioxid wieder in Sauerstoff umwandeln.

Luft hat Gewicht

Material: 1 Drahtbügel, 2 gleich große Luftballons, Klebestreifen, Nadel, dünnen Faden

1 Blase zwei gleiche Luftballons etwa gleich groß auf.

2 Klebe auf einen Luftballon einen kurzen Klebestreifen.

3 Befestige die Luftballons mit dem dünnen Faden am Bügel, so dass sie wie bei einer Waage im Gleichgewicht hängen.

4 Was vermutest du, wenn du einen Luftballon mit der Nadel anstichst?

5 Stich mit der Nadel vorsichtig durch den Klebestreifen den Ballon an.

6 Beschreibe, was du beobachtest.

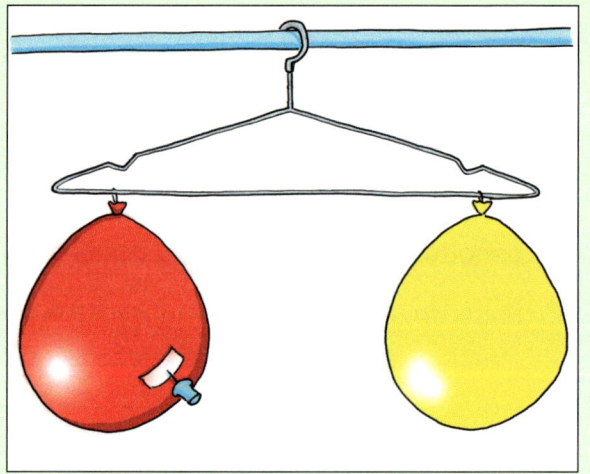

Zusatzaufgabe:

7 Blase einen Luftballon auf.

8 Befestige am Drahtbügel auf der einen Seite einen aufgeblasenen und auf der anderen Seite einen nicht aufgeblasenen Luftballon.

9 Beschreibe, was du beobachtest.

● M 11 Einen Versuch selbst planen und durchführen, Seite 10

■ Luft (2), Seite 54/55

Luft bremst – Luft hat Kraft

Material: 1 große, feste Pappe,
1 Regenschirm

1 Laufe auf dem Schulhof eine Strecke.

2 Vermute, was passiert, wenn du die Strecke mit einer Pappe läufst.

3 Halte dir nun eine Pappe vor die Brust. Lauf wieder dieselbe Strecke.

4 Wiederhole die Übung mit einem aufgespannten Schirm.

5 Beschreibe, was du spürst.

6 Nenne Beispiele aus dem Alltag, wo die Bremskraft der Luft hilft.

7 Nenne Beispiele, wo im Alltag die Bremskraft der Luft hinderlich ist.

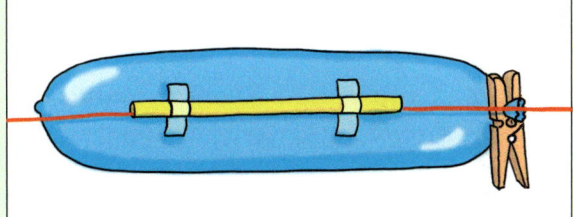

Luft treibt an – Luft hat Kraft

Material: 1 Luftballon (Langform),
dünne Schnur, Klebestreifen, Trinkhalm,
Wäscheklammer

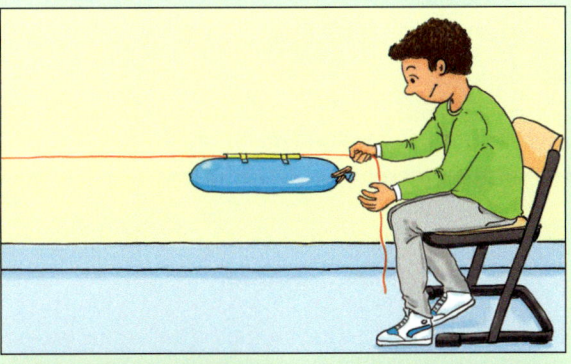

1 Blase den Luftballon auf und verschließe ihn mit der Klammer.

2 Befestige die Schnur an einem Schultisch.

3 Ziehe das andere Ende der Schnur durch den Trinkhalm.

4 Befestige mit den Klebestreifen den Trinkhalm am Luftballon.

5 Ziehe die Schnur stramm. Öffne die Wäscheklammer.

6 Beschreibe, was du beobachtest.

7 Nenne Beispiele aus dem Alltag, wo bewegte Luft etwas antreibt.

Luft (2)

Luft sichtbar machen

Material: durchsichtige Schüssel, Wasserglas, Strohhalm

1 Befülle die Schüssel mit Wasser.

2 Tauche ein Glas ① mit der Öffnung nach unten schnell ins Wasser.

3 Drücke den Rand des Glases gegen den Boden der Schüssel.

4 Vermute was passiert, wenn du das Glas leicht zur Seite neigst?

5 Beschreibe, was du beobachtest.

Zusatzaufgabe:

6 Befülle ein Glas ② mit Wasser.

7 Drücke das mit Wasser gefüllte Glas in die Wasserschüssel.

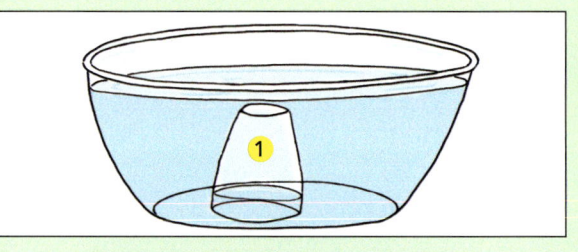

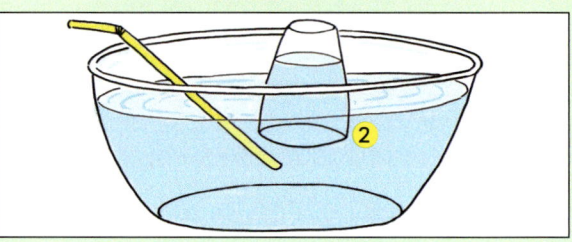

8 Halte den Strohhalm direkt unter die Öffnung des Wasserglases.

9 Vermute was passiert, wenn du in den Strohhalm pustest.

10 Beschreibe, was du beobachtest.

Luft braucht Platz

Material: 1 Flasche, 1 Trichter, Knete, Wasser, Tinte, 1 Becher, 1 Bleistift

1 Verteile die Knete so um den Rand des Glases, dass der Trichter sich genau in der Mitte befindet.

2 Drücke die Knete gut an. Sie muss den Spalt zwischen Trichter und Flasche dicht verschließen.

3 Färbe Wasser im Becher mit Tinte und gieße es langsam in den Trichter.

4 Was vermutest du? Beobachte.

5 Drücke nach einigen Minuten mit dem Bleistift ein Loch in die Knete.

6 Was vermutest du? Beschreibe.

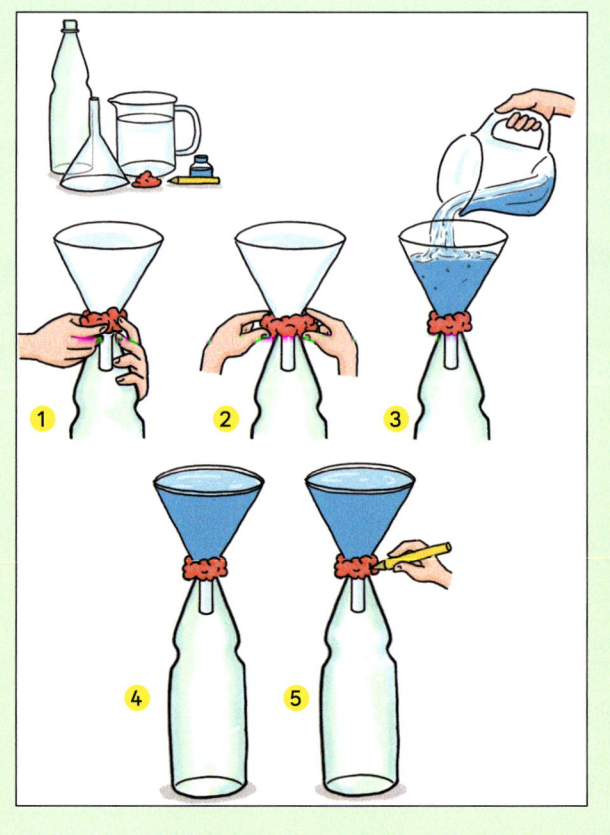

● M 11 Einen Versuch selbst planen und durchführen, Seite 10

■ Luft (1), Seite 52/53

Luft übt Druck aus

Material: 1 glatte Postkarte, 1 Glas mit glattem Rand, Wasser

1 Fülle das Glas randvoll mit Wasser.

2 Feuchte den Rand leicht an und lege die Postkarte darauf.

3 Halte die Postkarte fest und drehe alles schnell, aber vorsichtig um.

4 Lass die Pappe los.

5 Vermute, was passiert. Beschreibe.

Luft dehnt sich aus

Material: 2 Glasflaschen, 2 Luftballons, eine Schale mit warmem Wasser

1 Ziehe die beiden Ballons über die beiden Flaschenöffnungen.

2 Vermute, was passiert, wenn du eine Flasche in warmes Wasser stellst.

3 Führe den Versuch durch. Beobachte.

4 Vergleiche deine Vermutung mit der Beobachtung. Erkläre das Ergebnis deiner Beobachtung.

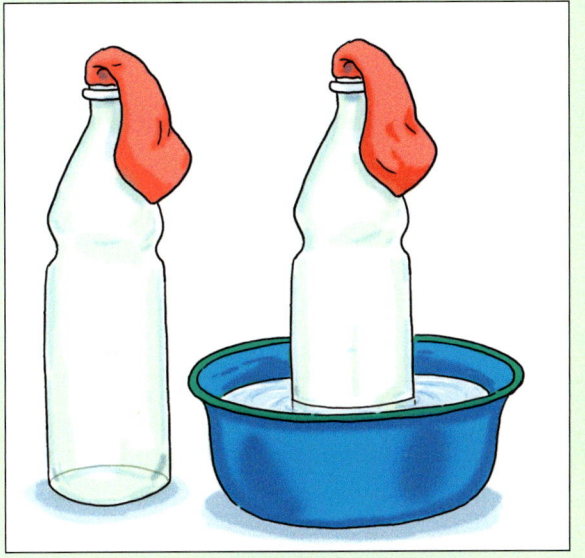

ACHTUNG: Benutze kein heißes Wasser!

Luft löst chemische Reaktionen aus

Material: 2 Äpfel, Küchenmesser

1 Zerschneide einen Apfel in der Mitte.

2 Was vermutest du, wie die Apfelhälften am nächsten Tag aussehen?

3 Lass die beiden Apfelhälften einen Tag an der Luft liegen.

4 Zerschneide am nächsten Tag noch einen Apfel.

5 Vergleiche die vier Apfelhälften.

Information:
Viele Dinge, die längere Zeit Luft ausgesetzt sind, verändern sich. Luft löst oft chemische Reaktionen aus. Eisen zum Beispiel rostet und wird braun, wenn es häufiger mit feuchter Luft in Kontakt kommt.

Natur: Das habe ich gelernt

In diesem Sachbuch darf nicht geschrieben oder gezeichnet werden!
Notiere daher in deinem Heft die Überschrift dieser Seite, die Nummer und den
Buchstaben der Aufgabe und dahinter deine Antwort.

1 Notiere die Namen der gesuchten Tiere und Pflanzen, die ihren Lebensraum in der
Wiese haben, und die gesuchten Namen einheimischer Getreidearten.

A Notiere die Namen der
Tiergruppen unter-
einander. Schreibe
hinter jede Gruppe ein
oder zwei Beispiele:
Säugetiere, Insekten,
Spinnen, Weichtiere.

B Finde die Namen von
vier Wiesenpflanzen.
Füge die Silben zu-
sammen:
Hah – Ka – Schaf – Wie –
be – fuß – gar – klee –
le – mil – nen – sen

C Bei uns werden hauptsächlich fünf Getreide-
arten angebaut. Die
Anfangsbuchstaben
helfen dir:
Ro – Ha – Ge –
We – Ma.

2 In jedem Kasten steht ein Begriff, der nicht zu den anderen passt.
Notiere die Begriffe, streiche jeweils den nicht passenden durch.

D – Weizen
– Reis
– Mais
– Kartoffel

E – Knolle
– Ähre
– Auge
– Beere

F – Eier
– Puppe
– Gehäuse
– Raupe

G – zäh
– fest
– flüssig
– gasförmig

3 Die Abbildungen zeigen zwei
Getreidepflanzen.

H Welche Getreidepflanzen sind hier ab-
gebildet? Notiere ihre Namen in einer
Zeile nebeneinander. Schreibe unter die
Namen jeweils die Nummern.

I Notiere zu den Nummern die passenden Begriffe. Die Anfangsbuchstaben
helfen dir.

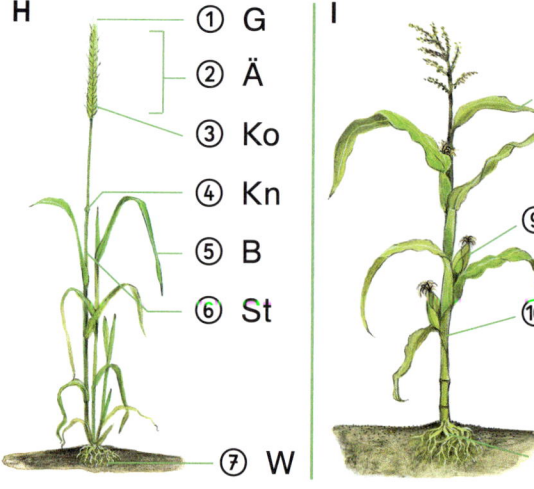

H
① G
② Ä
③ Ko
④ Kn
⑤ B
⑥ St
⑦ W

I
⑧ B
⑨ Ko
⑩ St
⑪ W

4 Prüfe die Richtigkeit der Sätze. Notiere nur die fünf richtigen Aussagen.

J – Auf der Erde geht kein Tropfen
Wasser verloren.
– Der Weizen hat sehr lange Grannen.
– Die Beeren der Kartoffel sind giftig.
– Der Regenwurm liebt das Tageslicht.
– Die Raupen von Schmetterlingen
häuten sich mehrmals.

K – Die Ackerschnecke hat ein Gehäuse.
– Luft enthält Stickstoff.
– Blattläuse fressen Marienkäfer.
– Nach jedem Herzschlag weiten sich
die Adern für kurze Zeit.
– Wasser im gasförmigen Zustand ist
sichtbar.

Raum

Orte und Städte verändern sich im Laufe ihrer Geschichte durch den Bau von Häusern.
Betrachte das Foto. Benenne alte und neue Gebäude.

Ein Kompass hilft dir bei der Bestimmung der Himmelsrichtungen. Nenne die Namen der Himmelsrichtungen.

Mithilfe von Karten und Plänen können wir uns orientieren. Überlege, welche Arten von Karten und Plänen du schon kennst.

- M8 Ein Bild auswerten
- M9 Eine Skizze anlegen
- M10 Sich auf einer Karte orientieren

Himmelsrichtungen und Kompass

Hier bestimmen die Kinder die Himmelsrichtungen in ihrem Klassenraum. Sie nehmen dazu einen Stabmagneten und lassen ihn an einer Schnur auspendeln. Das rote Ende zeigt immer nach Norden, das graue nach Süden.

Unter den Magneten legen die Kinder eine Pappe mit einem aufgezeichneten Kreuz.

Sie drehen die Pappe so lange, bis sich eine Linie des Kreuzes genau unter dem Magneten befindet. Jetzt tragen die Kinder zuerst Norden und Süden ein. Westen liegt links und Osten liegt rechts von der Nord-Süd-Achse.

Die Darstellung der Himmelsrichtungen erfolgt in einer Windrose. Die Himmelsrichtungen wurden nach dem Sonnenstand festgelegt.

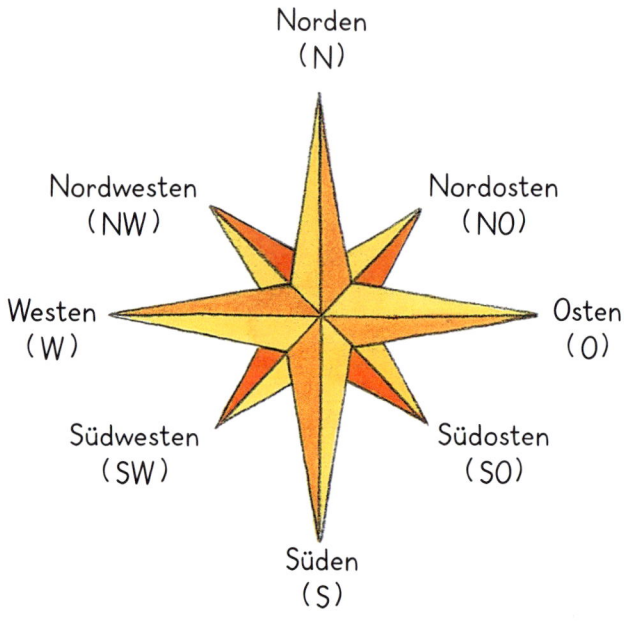

Norden
(N)

Nordwesten
(NW)

Nordosten
(NO)

Westen
(W)

Osten
(O)

Südwesten
(SW)

Südosten
(SO)

Süden
(S)

Windrosen dienen der Orientierung.
Bei manchen Windrosen ist ein E (englisch: East) für Osten zu lesen.

Mit zwei Sprüchen kannst du dir leicht die Himmelsrichtungen merken.

1 Bestimmt in eurem Klassenraum die Himmelsrichtungen. Befestigt Schilder mit den Namen der Himmelsrichtungen an den Wänden.

2 Zeichne eine vereinfachte Windrose in dein Heft. Beschrifte die Windrose mit den Haupt- und Nebenhimmelsrichtungen.

Nicht
Ohne
Seife
Waschen

Im **Osten** geht die Sonne auf,
im **Süden** nimmt sie ihren Lauf,
im **Westen** wird sie untergeh'n,
im **Norden** ist sie nie zu seh'n.

● M 9 Eine Skizze anlegen, Seite 9   ■ Magnetismus, Seite 88/89

Der Kompass ist ein Gerät, mit dem man die Himmelsrichtungen bestimmen kann. Er besteht aus einer Windrose, einer magnetischen Nadel und einem Gehäuse.

Das farbige Ende der Kompassnadel zeigt immer nach Norden. Die Windrose wird so lange gedreht, bis Norden unter der farbigen Spitze liegt.

Jetzt zeigt der Kompass, wo Norden ist. Auf Landkarten ist Norden fast immer am oberen Kartenrand, Süden am unteren Kartenrand.

Himmelsrichtungen mit einer Armbanduhr bestimmen

1 Richte den Stundenzeiger auf die Sonne aus.

2 Süden liegt immer in der Mitte zwischen Stundenzeiger und der 12 auf dem Ziffernblatt.

Übrigens

Heute ist in vielen Smartphones ein GPS-Modul (GPS = Global Positioning System) eingebaut. Mithilfe dieses Modules kann man seinen genauen Standort auf der Erde bestimmen.
Das GPS-Modul erhält hierfür Daten von vier GPS-Satelliten. Im Weltraum um die Erde kreisen insgesamt 25 GPS-Satelliten. Schiffe, Flugzeuge und Autos haben heute GPS-Computersysteme zum Navigieren.
Mithilfe des GPS-Moduls und einer Navigations-App kann man sich auf dem Smartphone Wege anzeigen und sich zu fast jedem Ort auf der Erde leiten lassen.

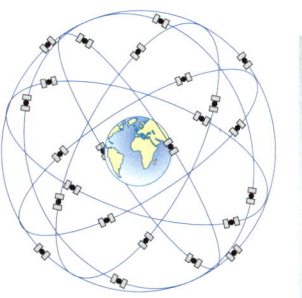
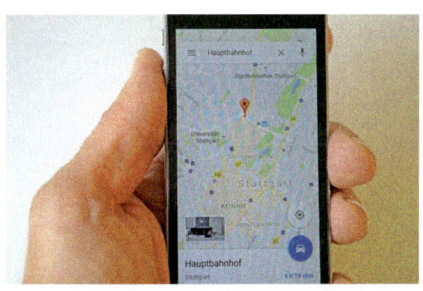

GPS-Satellit im All

▶ Arbeitsheft: Seite 30   ○ Lernsoftware: Nr. 67

Vom Luftbild zur Karte

Das Schrägluftbild

Das Foto wurde aus dem Flugzeug schräg
nach unten fotografiert (Schrägluftbild).
Auf diesem Luftbild erkennst du deutlich
einen Platz, Straßen, ein Denkmal, Autos,
Rasenflächen und Wald. Manche Dinge
werden verdeckt.

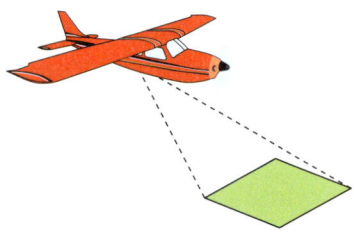

Das Senkrechtluftbild

Ein Senkrechtluftbild wird aus dem Flugzeug
senkrecht nach unten fotografiert.
Man spricht auch von einer Draufsicht.
Alle Dinge auf diesem Luftbild sind zu sehen
und werden nicht verdeckt. Die meisten
Senkrechtluftbilder werden heute von
Satelliten oder Drohnen aufgenommen.

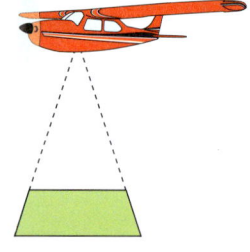

Die Karte

Luftbilder dienen als Vorlage für Karten.
Karten zeigen einen Teil der Erdoberfläche
in verkleinerter und vereinfachter Draufsicht.
Alle Kartenfarben und Zeichen werden in
der Legende erklärt.

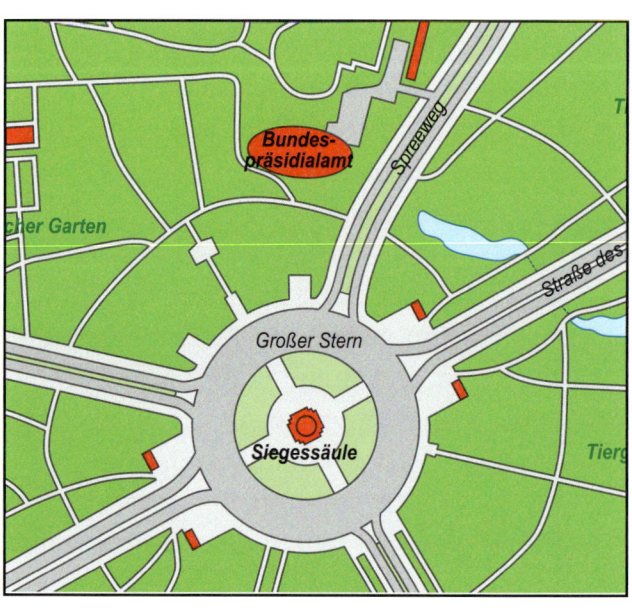

1 Betrachte die drei Abbildungen auf dieser
Seite und beschreibe sie.

2 Vergleiche das Schrägluftbild mit dem
Senkrechtluftbild.

3 Vergleiche das Senkrechtluftbild mit der
Karte.

● M 8 Ein Bild auswerten, Seite 9
● M 10 Sich auf einer Karte orientieren, Seite 10

▶ Arbeitsheft: Seite 31

Pläne lesen und verstehen (1)

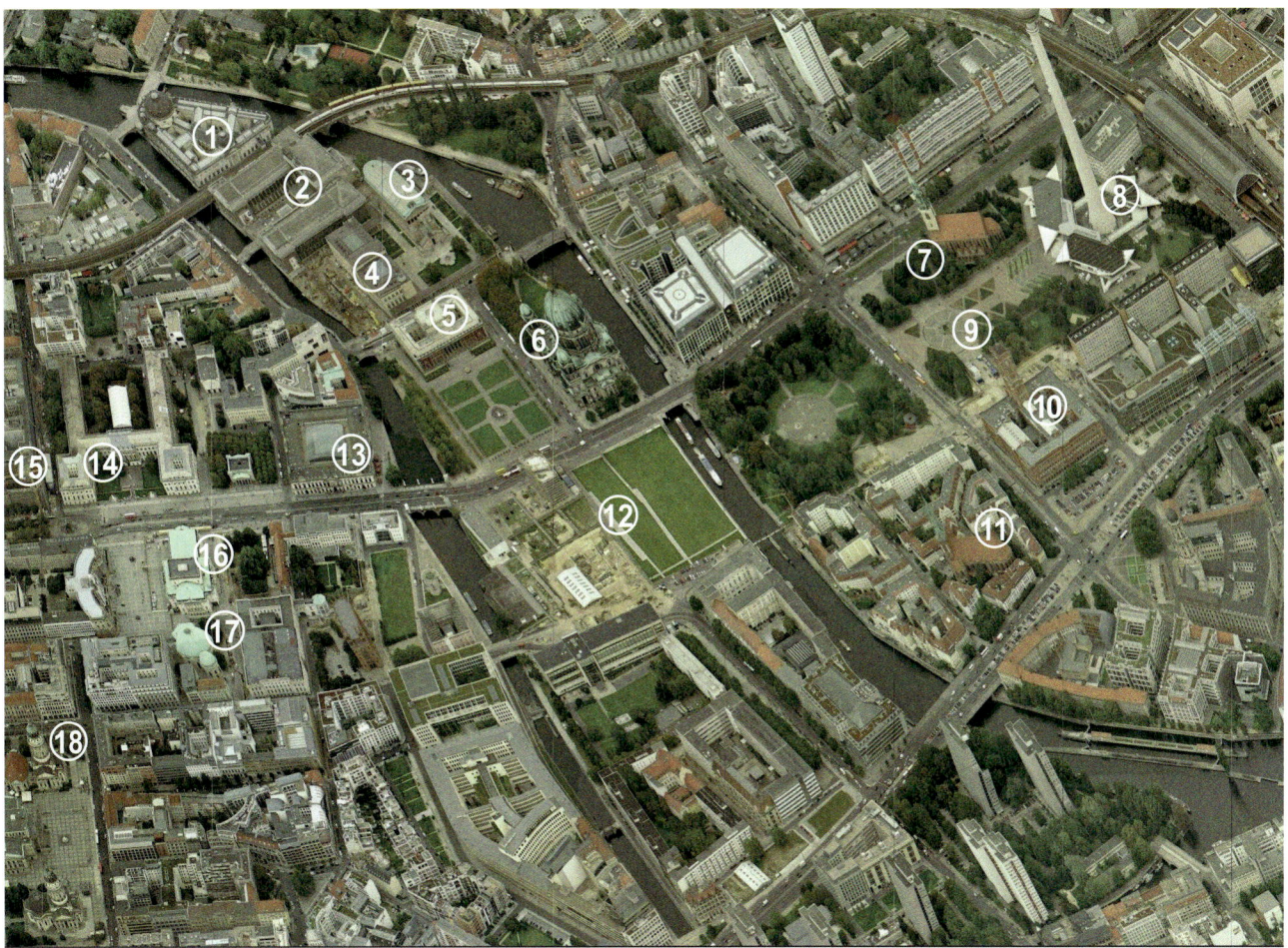

①	Bode-Museum	⑤	Altes Museum	⑨	Neptunbrunnen	⑬	Deutsches Historisches Museum	⑰ St.Hedwigs-Kathedrale
②	Pergamon-Museum	⑥	Berliner Dom	⑩	Rotes Rathaus	⑭	Humboldt-Universität	⑱ Französischer Dom
③	Alte Nationalgalerie	⑦	Marienkirche	⑪	Nikolaikirche	⑮	Staatsbibliothek	
④	Neues Museum	⑧	Fernsehturm	⑫	Berliner Schloss – Humboldtforum	⑯	Deutsche Staatsoper	

F46013_078_01

Die Kinder der dritten Klasse planen einen Ausflug in die Stadt. Dort wollen sie verschiedene Sehenswürdigkeiten besuchen.

Um sich zu orientieren, haben sie über das Internet bei einem Kartendienst ein Schrägluftbild der Innenstadt herausgesucht.
Die Kinder werden mit der U-Bahn am Fernsehturm ankommen und von dort zum Neptunbrunnen gehen. Dort soll zunächst ein kleines Picknick stattfinden.
Gemeinsam überlegen sie, welche Sehenswürdigkeiten sie danach besuchen möchten. Sie schauen nach, welche Wege sie nehmen können.

1 Betrachte das Schrägluftbild. Finde den Weg der Kinder vom Fernsehturm bis zum Neptunbrunnen.

2 Die Kinder wollen nach dem Picknick unterschiedliche Sehenswürdigkeiten besuchen. Suche auf dem Schrägluftbild nach Sehenswürdigkeiten. Nenne Beispiele und beschreibe ihre Lage.

3 Überlege und nenne Beispiele, welche Wege die Kinder wählen könnten. Zeige die möglichen Wege mit dem Finger auf dem Schrägluftbild.

■ Pläne lesen und verstehen (2), Seite 62
■ Mit einer Suchmaschine arbeiten, Seite 134
■ Sich im Internet informieren, Seite 135
► Arbeitsheft: Seite 32
○ Lernsoftware: Nr. 68, 69

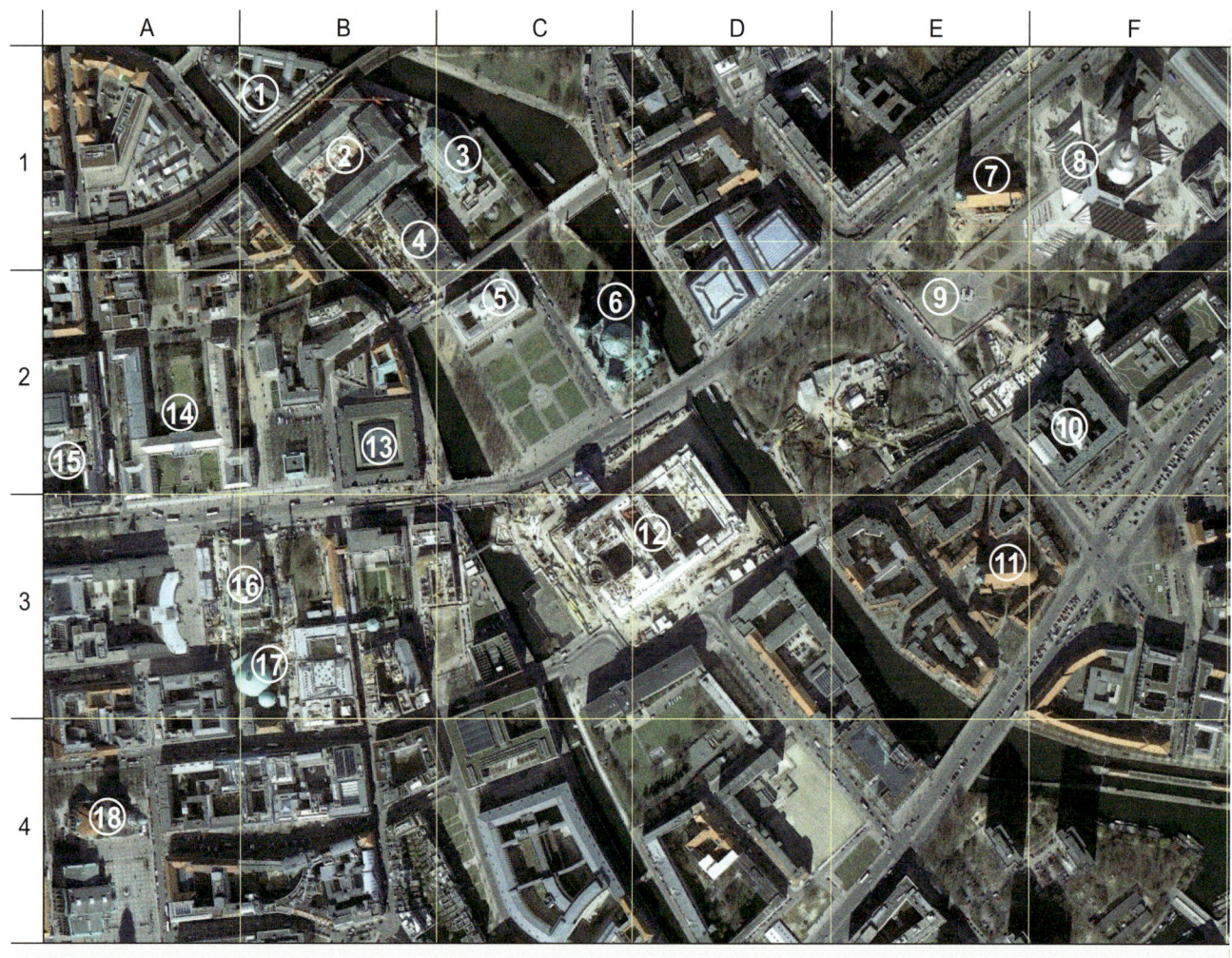

① Bode-Museum ⑤ Altes Museum ⑨ Neptunbrunnen ⑬ Deutsches Historisches Museum ⑰ St.Hedwigs-Kathedrale

② Pergamon-Museum ⑥ Berliner Dom ⑩ Rotes Rathaus ⑭ Humboldt-Universität ⑱ Französischer Dom

③ Alte Nationalgalerie ⑦ Marienkirche ⑪ Nikolaikirche ⑮ Staatsbibliothek

④ Neues Museum ⑧ Fernsehturm ⑫ Berliner Schloss – Humboldtforum ⑯ Deutsche Staatsoper

0   100   200 m

F46013_078_01

Die Kinder schauen sich nun den gleichen Bildausschnitt des Schrägluftbildes auf einem Senkrechtluftbild an.
In der Draufsicht sind auf diesem Foto viele Gebäude und Einrichtungen nicht mehr so zu erkennen wie auf dem Schrägluftbild.

Der Weg der Klasse führt nun weiter zur Marienkirche, dann zur Nikolaikirche und von dort zum Berliner Dom. Nach der Besichtigung des Domes geht es von dort am Deutschen Historischen Museum vorbei zur St. Hedwigs-Kathedrale.

1 Vergleicht das Senkrechtluftbild mit dem Schrägluftbild auf Seite 61. Legt dazu zwei aufgeschlagene Schulbücher nebeneinander. Nennt Unterschiede.

2 Mit welchem der beiden Luftbilder kannst du dich besser orientieren? Begründe.

3 Finde den Weg der Kinder auf dem Senkrechtluftbild. Verfolge ihn mit dem Finger auf dem Foto.

4 Stelle fest, ob die Kinder zu den Sehenswürdigkeiten über verschiedene Straßen gelangen können.

● M 8 Ein Bild auswerten, Seite 9
● M 10 Sich auf einer Karte orientieren, Seite 10
■ Pläne lesen und verstehen (1), Seite 60
▶ Arbeitsheft: Seite 33
○ Lernsoftware: Nr. 68, 69

Mit einem Stadtplan arbeiten

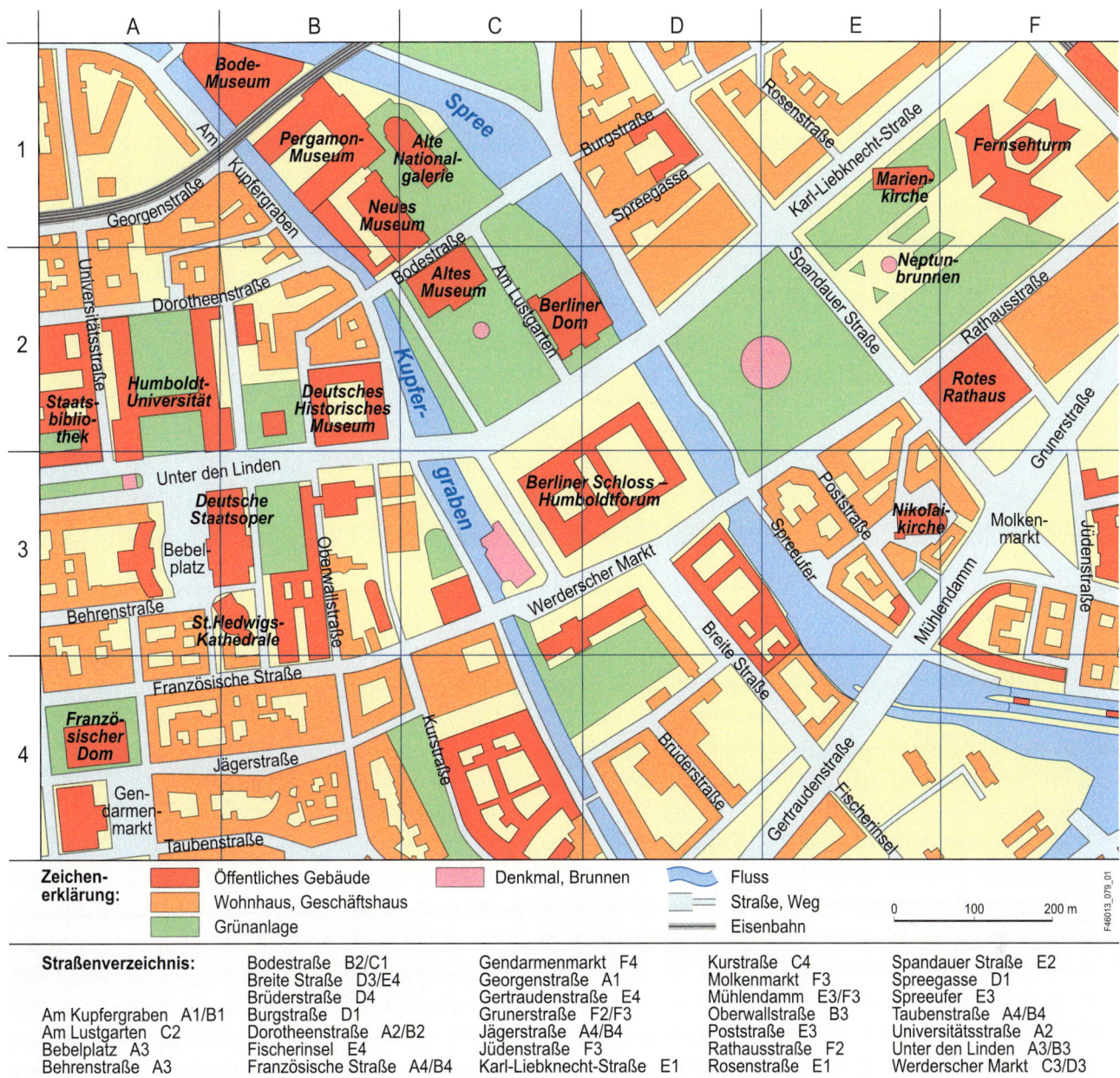

Zeichenerklärung:
- 🟥 Öffentliches Gebäude
- 🟧 Wohnhaus, Geschäftshaus
- 🟩 Grünanlage
- 🟪 Denkmal, Brunnen
- 〰 Fluss
- ═ Straße, Weg
- ▬ Eisenbahn

0   100   200 m

F46013_079_01

Straßenverzeichnis:

	Bodestraße B2/C1	Gendarmenmarkt F4	Kurstraße C4	Spandauer Straße E2
	Breite Straße D3/E4	Georgenstraße A1	Molkenmarkt F3	Spreegasse D1
	Brüderstraße D4	Gertraudenstraße E4	Mühlendamm E3/F3	Spreeufer E3
Am Kupfergraben A1/B1	Burgstraße D1	Grunerstraße F2/F3	Oberwallstraße B3	Taubenstraße A4/B4
Am Lustgarten C2	Dorotheenstraße A2/B2	Jägerstraße A4/B4	Poststraße E3	Universitätsstraße A2
Bebelplatz A3	Fischerinsel E4	Jüdenstraße F3	Rathausstraße F2	Unter den Linden A3/B3
Behrenstraße A3	Französische Straße A4/B4	Karl-Liebknecht-Straße E1	Rosenstraße E1	Werderscher Markt C3/D3

Die Lehrerin hat zusätzlich einen Stadtplan mit in die Klasse gebracht. Hier ist derselbe Ausschnitt abgebildet, der auf den Luftbildern zu sehen ist.
Ein Stadtplan ist eine Karte, die ausschließlich eine Stadt oder eine Region abbildet.
Ein Stadtplan hat eine Legende oder Zeichenerklärung. Hier werden die Bedeutungen der Farben und Zeichen erklärt.
Zum schnelleren Finden haben viele Stadtpläne ein Straßenverzeichnis und Planquadrate.
Mithilfe des Leitermaßstabes können Entfernungen auf dem Stadtplan gemessen werden.

1 In welchem Planquadrat liegen:
a) der Fernsehturm   b) die Marienkirche
c) die Nikolaikirche   d) der Berliner Dom
e) die St.-Hedwigs-Kathedrale?

2 Was findest du im Planquadrat
a) B1?   b) F2?   c) A2?   d) B2?

3 Suche Straßen mit und ohne Straßenverzeichnis. Vergleiche und begründe, welche Suchmethode einfacher ist.

4 Vergleiche den Stadtplan mit den Luftbildern der Seiten 60 und 61. Nenne Vor- und Nachteile eines Stadtplanes.

● M 10 Sich auf einer Karte orientieren, Seite 10   ■ Pläne lesen und verstehen (1), Seite 60

Menschen verändern und gestalten die Landschaft

Schon immer wollten die Menschen von ihrem Heimatort aus in andere Dörfer, Städte und Länder reisen. Dazu mussten Wege und Straßen gebaut werden. Von Anfang an nutzten die Menschen dafür die Flusstäler. Auch wenn ein Gebirge überquert werden musste, baute man die Straßen so weit, wie es ging, in den Tälern. Dort wurden auch viele Siedlungen gegründet.
Im Laufe der Zeit wurden die Straßen immer weiter ausgebaut und modernisiert.

1 Vergleicht die beiden Bilder. Nennt und erläutert die Veränderungen.

2 Sucht Gründe dafür, warum Straßen in Flusstälern gebaut wurden.

3 Der Verkehr hat bis heute stark zugenommen. Vermutet, wie sich dadurch das Leben in den Tälern verändert hat.

4 Informiert euch, wie bei euch die Landschaft verändert wurde.

● M 8 Ein Bild auswerten, Seite 9   ■ Bedrohte Pflanzen und Tiere, Seite 28/29

Familie Damm wohnt in einem älteren Gebäude in der Innenstadt. Alle Fahrzeuge, die durch das Tal fahren, kommen an ihrem Haus vorbei. Vor zwei Jahren wurde es neu gestrichen, doch es ist schon wieder ganz grau von den Abgasen und dem Schmutz. Den ganzen Tag und auch nachts kann Familie Damm die Fenster kaum öffnen, weil der Verkehrslärm unerträglich ist. Seit Jahren schon wünscht die Familie, dass die geplante Umgehungsstraße gebaut wird.

Familie Berger zog vor einigen Jahren aus der verkehrsreichen Innenstadt an den Stadtrand. Dort ist es ruhiger. Die Kinder können im nahen Wald spielen.
Die Umgehungsstraße würde am Stadtrand entlangführen. Deshalb möchte Familie Berger, dass die Straße nicht gebaut wird.

5 Führt ein Gespräch darüber, ob die Umgehungsstraße gebaut werden soll. Findet eine gemeinsame Lösung.

Verkehrswege und Verkehrsmittel

In Deutschland gibt es ganz unterschiedliche Verkehrswege. Sie verbinden Städte, Länder und entfernte Gebiete miteinander. Unzählige Waren und Güter werden auf den Verkehrswegen transportiert. Immer mehr Menschen benutzen sie, um täglich zum Arbeitsplatz zu gelangen oder in den Urlaub zu fahren. Dies führt manchmal zu Staus auf unseren Straßen.
Es gibt Verkehrswege auf dem Land, auf dem Wasser und in der Luft.

Das verkehrssichere Fahrrad

Damit dein Fahrrad vorschriftsmäßig ausgerüstet ist, müssen 10 Teile vorhanden sein.
Sie dienen der Verkehrssicherheit.

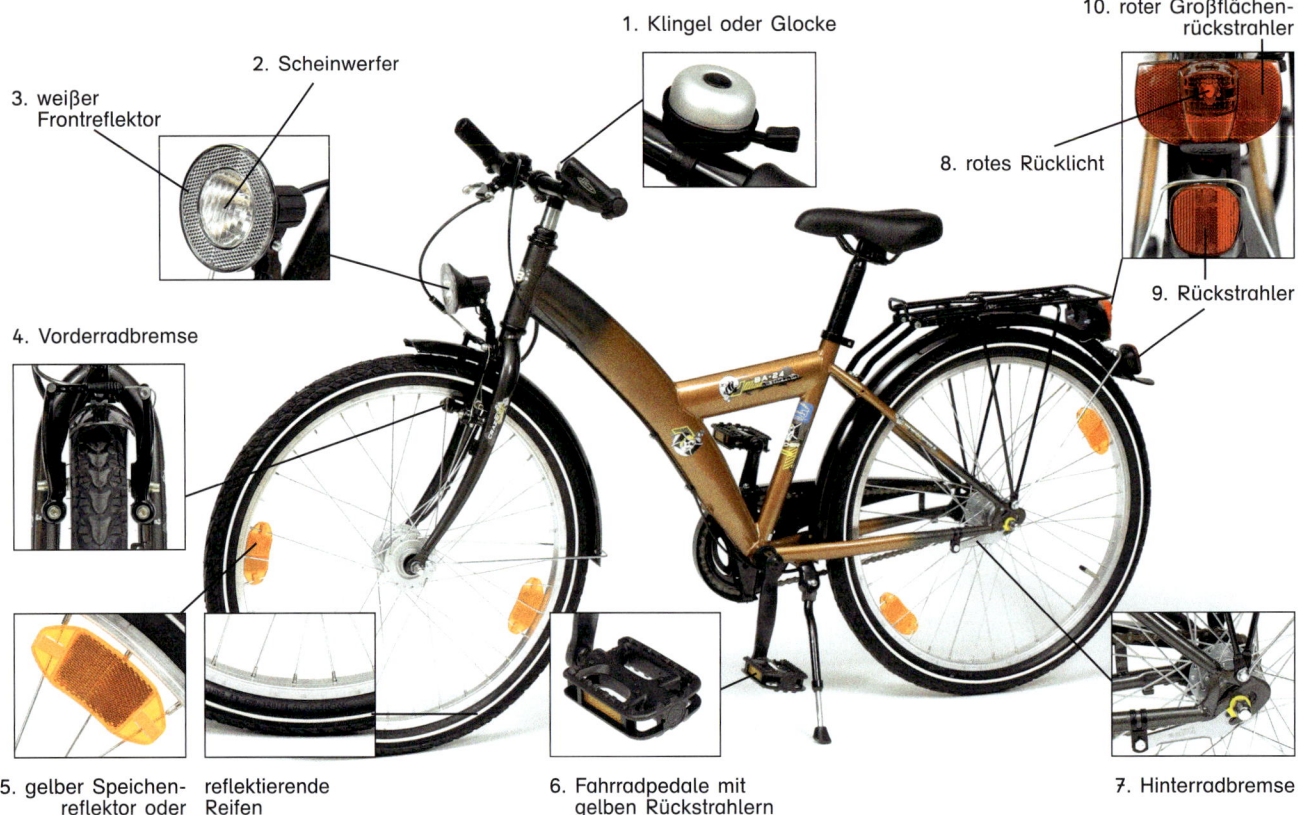

3. weißer Frontreflektor

2. Scheinwerfer

1. Klingel oder Glocke

10. roter Großflächen-rückstrahler

8. rotes Rücklicht

9. Rückstrahler

4. Vorderradbremse

5. gelber Speichen-reflektor oder   reflektierende Reifen

6. Fahrradpedale mit gelben Rückstrahlern

7. Hinterradbremse

Damit dein Fahrrad in einem guten Zustand ist und zuverlässig benutzt werden kann, müssen weitere Dinge beachtet werden. Folgende Beispiele dienen der Betriebssicherheit:

Reinige dein Fahrrad regelmäßig.
Vor allem Scheinwerfer, Schlussleuchte und alle rückstrahlenden Teile müssen sauber sein.

Die Kette benötigt Öl oder Fett. Sie darf nicht durchhängen.

Prüfe vor jeder Fahrt, ob alle Schrauben und Schnellspanner fest sind.

Kontrolliere die Reifen.
Haben sie genügend Profil?
Sind sie ausreichend aufgepumpt?
Haben die Reifen keine Risse?

Achte darauf, dass die Griffe am Lenker fest sitzen und nicht beschädigt sind.

Überprüfe vor jeder Fahrt, ob Bremsen, Scheinwerfer und Schlussleuchte richtig funktionieren.

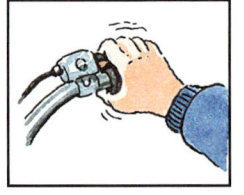

Wenn du einen Mangel an deinem Fahrrad feststellst, sollte dieser sofort beseitigt werden. In manchen Fällen wirst du die Hilfe eines Erwachsenen benötigen.

▶ Arbeitsheft: Seite 34   ○ Lernsoftware: Nr. 61

Richtiges Anfahren – Abstand halten

Das Anfahren

1 Schiebe das Fahrrad über den Gehweg, achte auf Fußgänger und Radfahrer.

2 Stelle das Fahrrad in Fahrtrichtung an den Fahrbahnrand, drehe ein Pedal nach oben und steige auf.

3 Sieh dich über die linke Schulter nach hinten um.

4 Gib danach Handzeichen.

5 Ist die Fahrbahn frei, fahre mit beiden Händen am Lenker los und halte die Spur.

1 Nenne die Punkte, die du hier beim Anfahren zu beachten hast. Ergänze dabei Punkt ①.

Anna will an einem Auto vorbeifahren. Plötzlich wird die Wagentür geöffnet. Es passiert nichts, weil Anna genügend Seitenabstand gehalten hat und aufmerksam vorbeifährt.

Fin fährt hinter seinem Freund her. Er hält einen Sicherheitsabstand von etwa drei Fahrradlängen ein. Die beiden fahren auf der rechten Seite der Fahrbahn. Sie achten auf den Abstand zur Bordsteinkante (etwa 50 Zentimeter).

Verkehrszeichen

Die Ampel leuchtet gelb. Das Auto bremst ab. Die Bremslichter hinten am Fahrzeug leuchten auf.

1 Welches weitere Lichtzeichen ist an diesem Auto wichtig?

2 Suche ein weiteres Lichtzeichen an einem anderen Auto. Was bedeutet es?

Der Radfahrer hat sich falsch eingeordnet. Er wollte nach rechts abbiegen, darf aber seinen Fahrstreifen nicht verlassen und die Sperrfläche nicht überfahren. Er muss nun geradeaus fahren und nach der Kreuzung eine Möglichkeit finden, sein Ziel zu erreichen.

Fußgänger haben an Überwegen Vorrang. Der Radfahrer muss anhalten und die Fußgänger gehen lassen.

3 Welches Schild zeigt den Vorrang der Fußgänger an?

Im Straßenverkehr gibt es viele unterschiedliche Verkehrszeichen: Ampeln, Verkehrsschilder und Markierungen regeln den Verkehr.

4 Suche an der Kreuzung Beispiele für die drei Arten von Verkehrszeichen.

▪ Rechts vor links, Seite 70
▪ Verkehrszeichen regeln die Vorfahrt, Seite 71

Diese Verkehrszeichen regeln die Vorfahrt.

Halt! Vorfahrt gewähren!

Vorfahrt gewähren!

Vorfahrtstraße

Vorfahrt an der nächsten Kreuzung

Kreuzung oder Einmündung mit Vorfahrt von rechts

Zusatzschild: Abknickende Vorfahrt

Ende der Vorfahrtsstraße

Diese Zeichen geben an, wie weitergefahren werden muss.

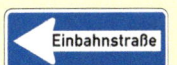
Einbahnstraße

links vorbeifahren

Fahrtrichtung „geradeaus" oder „rechts"

Fahrtrichtung „rechts"

Diese Zeichen weisen auf Verbote hin.

Verbot der Einfahrt

Verbot für Radfahrer

Dem Gegenverkehr Vorrang gewähren!

Absolutes Halteverbot

Zeichen für Sonderwege

Radweg

Getrennter Rad- und Gehweg

Gemeinsamer Geh- und Radweg

Gehweg

Wichtige Richtzeichen

Fußgängerüberweg

Vorrang vor dem Gegenverkehr

Verkehrsberuhigte Bereiche

Solche Zeichen machen auf Gefahren aufmerksam.

Baustelle

Gefahrenstelle

Einseitig (rechts) verengte Fahrbahn

Unebene Fahrbahn

Kinder

Bahnübergang

Lichtzeichenanlage (Ampel)

Ampelzeichen und Polizeibeamte

nicht fahren

fahrbereit machen

fahren

Achtung! Anhalten!

▶ Arbeitsheft: Seite 35   ○ Lernsoftware: Nr. 62

Rechts vor links

Rechts vor links!

Wenn keine Verkehrszeichen, keine Ampeln oder kein Polizist die Vorfahrt regeln, dann gilt an Einmündungen und Kreuzungen die Grundregel der Vorfahrt: **Rechts vor links!**

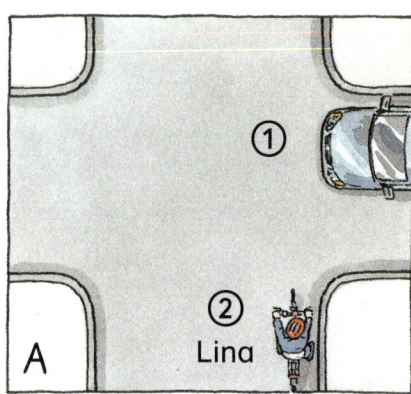

Lina sieht, dass von rechts ein Auto kommt. Es hat an dieser Einmündung Vorfahrt. Lina hält an und blickt den Autofahrer an. Er sieht sie an und erkennt, dass Lina ihm die Vorfahrt gewährt. Lina wartet und der Autofahrer fährt weiter.

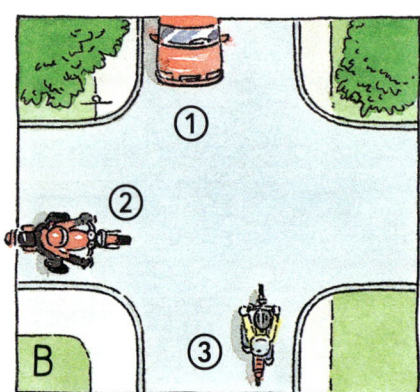

Betrachte die Fotos. Sie zeigen Verkehrssituationen, in denen die Regel „Rechts vor links" gilt. Zu jedem Foto gibt es eine Skizze.

1 Entscheide, in welcher Reihenfolge die Fahrzeuge fahren dürfen.
Begründe.

■ Verkehrszeichen, Seite 68/69   ○ Lernsoftware: Nr. 65, 66

Verkehrszeichen regeln die Vorfahrt

Regeln Verkehrszeichen die Vorfahrt, gilt „rechts vor links" nicht.
Die Zeichen „Vorfahrtstraße!" oder „Vorfahrt an der nächsten Kreuzung" zeigen, dass du hier Vorfahrt hast.

Die Zeichen „Vorfahrt gewähren!" oder „Halt! Vorfahrt gewähren!" zeigen, dass dort die anderen Verkehrsteilnehmer die Vorfahrt haben.

Diese Kombination zweier Verkehrsschilder zeigt an, dass du dich einem Kreisverkehr näherst. Du darfst nur nach rechts einfahren und musst den Fahrzeugen Vorfahrt gewähren, die bereits im Kreisverkehr fahren.
Wenn die Fahrbahn im Kreisverkehr für dich frei ist, fährst du ohne Handzeichen nach rechts ein.

Beim Verlassen des Kreisverkehrs musst du rechts Handzeichen geben.

1 Betrachte die fünf Abbildungen. Finde heraus, welcher Verkehrsteilnehmer jeweils die Vorfahrt hat.

▶ Arbeitsheft: Seite 36

Vorausschauendes Verhalten im Straßenverkehr

Eine Baustelle versperrt Jakob die Sicht. Er kann nicht sehen, was sich hinter der Baustelle befindet. Deshalb fährt er langsam und vorsichtig weiter, damit er rechtzeitig reagieren kann.

1 Vermute, was Jakob hinter der Baustelle sehen könnte.

Beim Fahren auf Straßen und Wegen achten die Kinder auf Hindernisse und Uneben- heiten oder Verschmutzungen auf der Fahr- bahn. Deshalb richten sie beim Fahren immer auch den Blick auf die Fahrbahn, um solche Gefahren zu erkennen.

2 Erkläre, wie du dich verhältst, wenn feuchte Blätter in einer Kurve auf der Fahrbahn liegen.

David fährt mit dem Skateboard auf dem Fußweg. Er ist aufmerksam und vorsichtig, weil andere ihn übersehen oder sich falsch verhalten könnten.

3 Vermute, was gleich passieren könnte und wie David sich verhalten sollte.

4 Überlege, wie du dich verhalten musst, wenn andere Verkehrsteilnehmer gerade mit ihrem Mobiltelefon beschäftigt sind oder über Kopfhörer Musik hören.

Vor- und Nachteile von Verkehrsmitteln

Manche Verkehrsmittel verschmutzen die Luft, andere sorgen für gesunde Bewegung.

1 Lege eine Tabelle an. Trage Verkehrs- mittel und ihre Vor- und Nachteile ein.

2 Überlege, wie du dich entscheidest, wenn du das Verkehrsmittel aussuchen kannst.

Richtiges und falsches Verhalten im Straßenverkehr

Grundregeln im Verkehr

Die Teilnahme am Straßenverkehr erfordert ständige Vorsicht und gegenseitige Rücksichtnahme.
Jeder Verkehrsteilnehmer hat sich so zu verhalten, dass kein anderer geschädigt, gefährdet, behindert oder belästigt wird.
Für Inlineskater und Skateboardfahrer gelten die gleichen Verkehrsregeln, die auch für Fußgänger gelten.

1 Welche der gekennzeichneten Verkehrsteilnehmer verhalten sich richtig?
Erkläre, warum sie sich richtig verhalten.

2 Welche Verkehrsteilnehmer verhalten sich falsch?
Begründe deine Antwort.

■ Verkehrszeichen, Seite 68/69

Raum: Das habe ich gelernt

In diesem Sachbuch darf nicht geschrieben oder gezeichnet werden!
Notiere daher in deinem Heft die Überschrift dieser Seite, die Nummer und den Buchstaben der Aufgabe und dahinter deine Antwort.

1 Mit zwei Sprüchen kann man sich alle Himmelsrichtungen gut merken. Vervollständige die Sprüche und notiere sie. Die Wörter helfen dir.

A auf – die – geht – ihren – im – ist – Lauf – nicht – nie – nimmt – Norden – ohne – Osten – seh'n – Seife – sie – Sonne – Süden – untergeh'n – waschen – Westen – wird – zu

2 Zeichne die Windrose ab. Beschrifte sie mit allen acht Himmelsrichtungen. Notiere hinter jeder Himmelsrichtung auch die Abkürzung, wie du sie auf einem Kompass finden kannst.

B

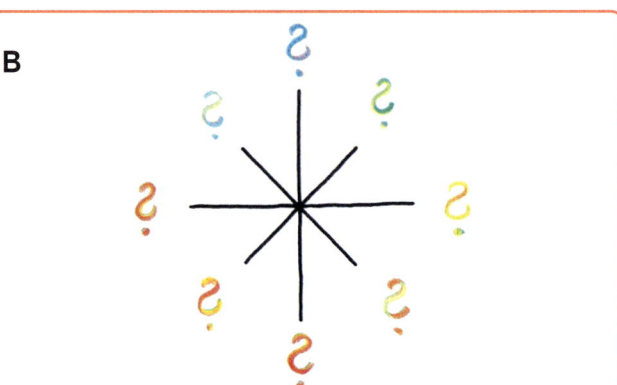

3 Ordne den Verkehrszeichen die richtige Bezeichnung zu. Jeder Nummer wird ein Buchstabe zugeordnet. Die Buchstaben ergeben ein Lösungswort.

C 1 Vorfahrtstraße
  2 Gefahrenstelle
  3 Halt! Vorfahrt gewähren!
  4 Vorfahrt gewähren
  5 Verbot für Radfahrer

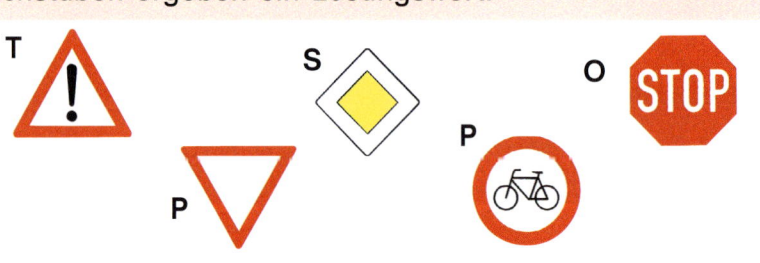

4 Gib an, in welcher Reihenfolge die Fahrzeuge fahren dürfen.

D

E

Technik

Brücken sind für den Verkehr wichtig. Überlege, weshalb Brücken gebaut werden.

Zahnräder bewegen die Zeiger einer Uhr. Nenne weitere Beispiele, wozu Zahnräder genutzt werden.

Dieser Eisenschrott bleibt am Kran hängen. Überlege, welche Kraft hier genutzt wird.

- M 8 Ein Bild auswerten
- M 9 Eine Skizze anlegen
- M 11 Einen Versuch selbst planen und durchführen

Wir bauen Brücken aus Papier

Straßen und Eisenbahnlinien sind wichtige Verkehrswege. Um Flüsse, Täler oder andere Hindernisse zu überqueren, werden Brücken gebaut. Diese müssen sehr stabil sein, da sie große Lasten tragen. Es gibt Brücken aus Holz, Stein, Beton oder Metall. Bei einer Balkenbrücke liegt die Fahrbahn auf Balken, die von Pfeilern getragen werden.

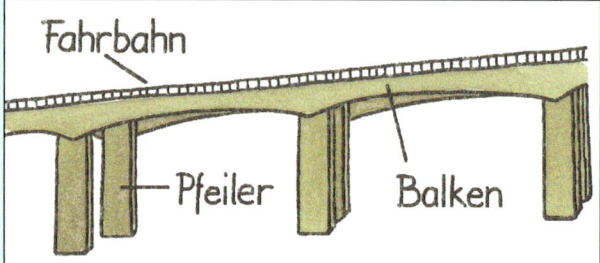

So baut ihr eine Brücke aus Papier

a) Fertigt tragfähige Pfeiler und testet sie.
b) Baut tragfähige Balken und testet sie.
c) Stellt eine Fahrbahn her.
d) Plant, konstruiert und baut eure Brücke.
e) Zeichnet eure Brücke und testet sie.

Tragfähige Pfeiler bauen und testen

1 Baut die drei verschiedenen Pfeiler nach.

2 Überprüft die Tragfähigkeit der Pfeiler mit gleich schweren Büchern. Legt dazu auf jeden Pfeiler erst eins, dann zwei und so weiter.

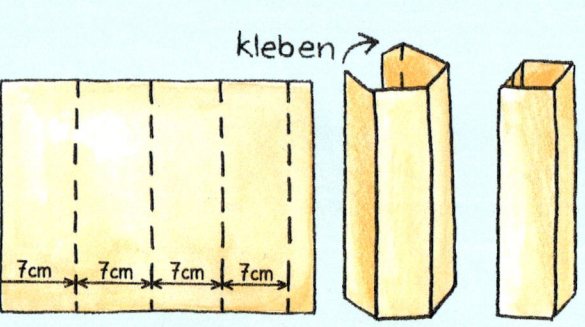

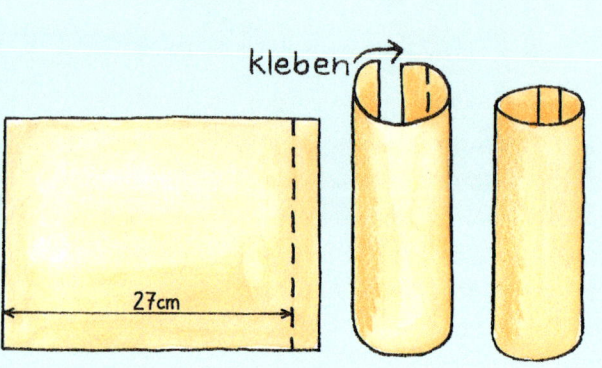

3 Wie viele Bücher konnten die verschiedenen Pfeiler tragen? Notiert eure Ergebnisse in einer Tabelle. Vergleicht eure Versuchsergebnisse.

4 Überlegt gemeinsam, worauf beim Bau der Pfeiler besonders zu achten ist. Notiert eure Ergebnisse in Stichworten.

● M 8 Ein Bild auswerten, Seite 9
● M 9 Eine Skizze anlegen, Seite 9
● M 11 Einen Versuch selbst planen und durchführen, Seite 10

Tragfähige Balken bauen und testen

Balken aus dreikantigen Bauelementen

1 Teilt ein DIN A4-Blatt ein:

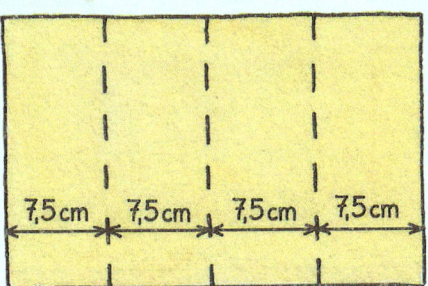

7,5 cm   7,5 cm   7,5 cm   7,5 cm

2 Faltet das Blatt zu einem Dreieck und verklebt es danach.

3 Verklebt mehrere Elemente miteinander.

4 Versucht es auch mit anderen Formen, zum Beispiel Rollen.

5 Testet die Tragfähigkeit. Legt gleich schwere Bücher auf die Balken.

Eine Fahrbahn bauen

1 Faltet aus Papier eine Fahrbahn und verbindet sie mit den Balken.

Eine Brücke aus Papier bauen

1 Überlegt, welche und wie viele Bauteile ihr benutzen wollt.
Damit die Brücken vergleichbar sind, müsst ihr folgendes beachten:
- Stellt die Pfeiler aus DIN-A4-Papier her.
- Die Fahrbahn soll 60 cm lang und 20 cm breit sein

2 Zeichnet eure Brücke. Die Zeichnung soll den Aufbau, die Bauteile und die Anzahl der Teile deutlich zeigen.

3 Baut nun die Brücke.

4 Testet mit Büchern die Tragfähigkeit und die Stabilität der Brücke, ohne diese dabei zu beschädigen.

5 – Wie viele Blätter habt ihr benötigt?
– Welche Formen habt ihr für die Elemente verwendet?
– Welche Brückenteile sind besonders stabil?

Wir bauen einen Schachtelflitzer

Das brauchst du.

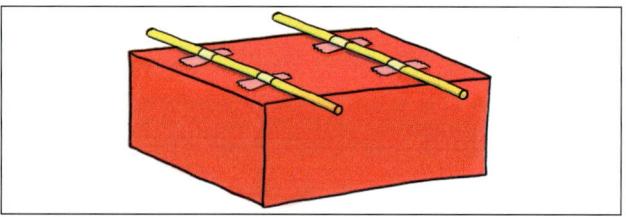

1 Befestige die Trinkhalme mit Klebeband.

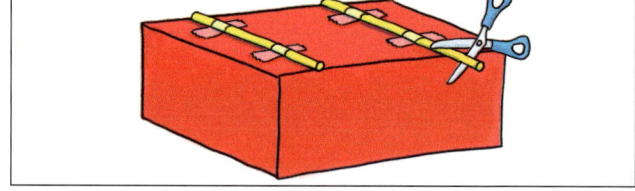

2 Schneide die Enden ab.

3 Lege die Deckel auf eine feste Unterlage. Bohre vorsichtig in die Mitte der Deckel ein Loch.

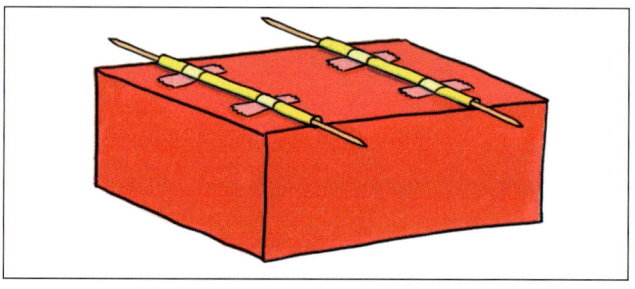

4 Stecke die Holzspieße durch die Trinkhalme.

5 Befestige nun die Deckel. Kürze die Enden mit der Zange.

Verschiedene Räder

1 Probiere verschiedene Räder aus, zum Beispiel Korken und alte CDs. Damit sie besser halten, kannst du sie zusätzlich mit etwas Knete befestigen.

2 Vermute, wie dein Fahrzeug mit den verschiedenen Rädern fahren wird und probiere es aus. Vergleiche Vermutung und Ergebnis.

● M 8 Ein Bild auswerten, Seite 9
● M 11 Einen Versuch selbst planen und durchführen, Seite 10

Wir testen Fahrzeuge

Welches Auto rollt am weitesten?

1 Wie weit fährt dein Fahrzeug, wenn es von der Rampe rollt?

2 Wie weit rollt dein Fahrzeug, wenn es mit einem Gewicht beladen ist?

3 Vergleicht eure Ergebnisse.

4 Miss, wie weit dein Fahrzeug durch Anschubsen rollt.

Fahrzeug-TÜV

Jeder Besitzer eines Autos muss sein Fahrzeug überprüfen lassen, bevor er damit im Verkehr fahren darf.

1 Schreibe die vier Prüfungsaufgaben auf ein Blatt Papier.

2 Überprüfe dein Fahrzeug anhand dieser Liste. Kreuze an.

3 Was funktioniert noch nicht? Verbessere dein Fahrzeug.

TÜV-Prüfung

1. Mein Fahrzeug fährt geradeaus. ☐

2. Alle vier Räder drehen sich. ☐

3. Alle vier Räder berühren den Boden. ☐

In diesem Buch darf nicht geschrieben werden!

Antrieb mit Zahnrädern und Kette

Zahnräder

Zahnräder sind Räder, deren Rand mit gleichmäßig verteilten Zähnen besetzt ist. Greifen die Zähne von mindestens zwei Zahnrädern genau ineinander, spricht man von einem Zahnradgetriebe. Dabei drehen sich das Antriebsrad und das angetriebene Rad in entgegengesetzter Richtung. Zahnradgetriebe sind wichtige Bestandteile in vielen Geräten und Maschinen, zum Beispiel in Handmixern oder Getreidemühlen. Diese Geräte erleichtern die Arbeit in der Küche.

Zahnradgetriebe

Mithilfe von Zahnradgetrieben werden Kräfte und Drehbewegungen übertragen. Auch die Geschwindigkeit und Richtung der Drehbewegung kann verändert werden.

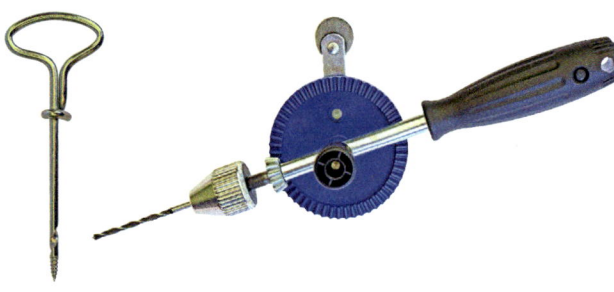

Wie ein Zahnradgetriebe funktioniert und wie es die Entwicklung eines Werkzeugs bis zur Maschine beeinflusst hat, zeigt folgendes Beispiel: Früher wurden mit einem einfachen Nagelbohrer mit der Hand kleinere Löcher gebohrt. Dabei entspricht eine Drehung des Griffes genau einer Drehung des Bohrers. Der nächste Entwicklungsschritt war die Handbohrmaschine. Sie besitzt ein Zahnradgetriebe. Mithilfe des Getriebes wird die Drehbewegung der Kurbel mit dem großen Zahnrad auf das kleine Zahnrad des Bohrers übertragen. Da das Antriebsrad größer als das angetriebene Zahnrad ist, dreht sich der Bohrer öfter als die Handkurbel.

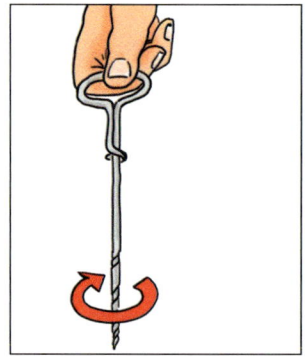
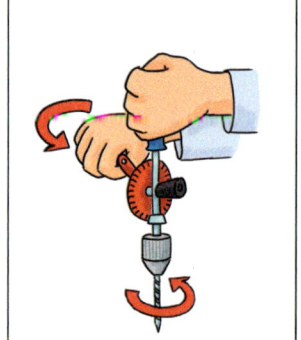

Nagelbohrer   Handbohrmaschine

Heute werden fast ausschließlich elektrische Bohrmaschinen eingesetzt. Auch in elektrischen Bohrmaschinen ist ein Zahnradgetriebe vorhanden. Das Getriebe wird nicht von Hand, sondern von einem Elektromotor angetrieben. Elektrische Bohrmaschinen haben deshalb viel höhere Drehzahlen als Handbohrer und deutlich mehr Leistung.

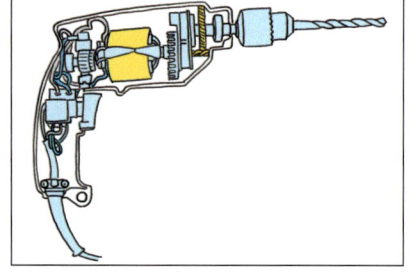
Elektrische Bohrmaschine

1 Schau zu Hause nach Geräten mit Zahnradgetriebe. Notiere die Namen.

Wenn zwei Zahnräder gleich groß sind, drehen sie sich gleich schnell. Die Drehbewegung des Antriebsrades wird gleichförmig auf das angetriebene Rad übertragen.

Wenn das Antriebsrad größer als das angetriebene Rad ist, dreht sich das kleinere Zahnrad schneller als das große. Man bezeichnet dies als Übersetzung ins Schnelle.

Wenn das Antriebsrad kleiner als das angetriebene Rad ist, dreht sich das größere Zahnrad langsamer als das kleine. Man spricht dann von einer Übersetzung ins Langsame.

Baue unterschiedliche Zahnradgetriebe

1 Vergleiche die Drehrichtung der Zahnräder.

2 Vergleiche die Drehzahl der Zahnräder.

3 Was beobachtest du, wenn zwei oder mehr Zahnräder angetrieben werden.

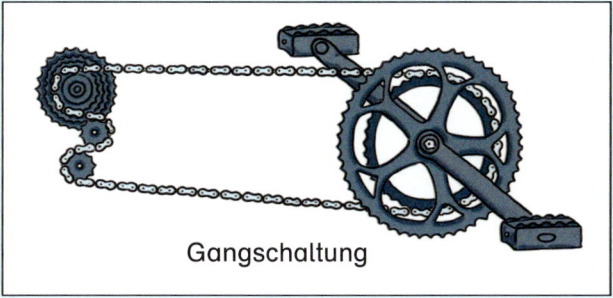

Eine Kettenschaltung untersuchen

Fahrräder haben ein Kettengetriebe. Zwei Zahnräder sind mit einer Kette verbunden. Durch den Antrieb über die Kette drehen sie sich in die gleiche Richtung. Mit den Pedalen wird das vordere Zahnrad, das Kettenblatt, angetrieben. Die Kette überträgt die Drehbewegung auf das hintere Zahnrad, das Ritzel. Das Kettenblatt ist meistens größer als das Ritzel. Dann dreht sich das Ritzel schneller als das Kettenblatt. Das ist eine Übersetzung ins Schnelle.

Mithilfe einer Gangschaltung kann die Kette auf unterschiedlich große Zahnräder umgelenkt werden. So werden weitere Übersetzungen ins Schnelle, aber auch ins Langsame möglich. Je mehr Zahnräder am Hinterrad und am Kettenblatt sind, desto mehr Gänge hat die Kettenschaltung.

1 Erkläre, mit welcher Kombination von Kettenblatt und Ritzel du besonders schnell fahren kannst.

Der elektrische Stromkreis

 **Elektrischer Strom aus der Steckdose ist gefährlich!**
Daher dürfen bei Versuchen nur Batterien als Energiequellen verwendet werden!

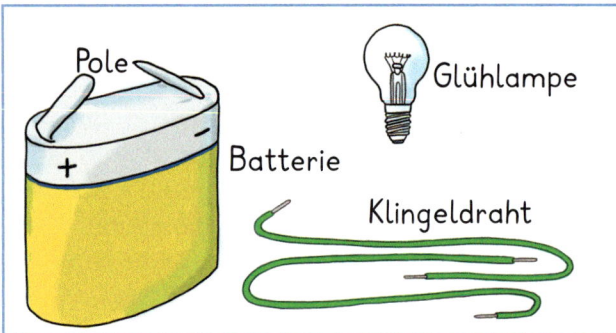

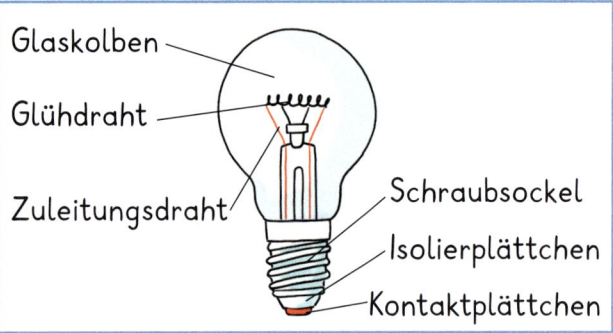

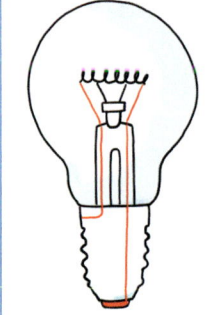 Auch in der Glühlampe fließt der elektrische Strom. In der Schnittzeichnung kann man den Weg des elektrischen Stroms in der Glühlampe verfolgen.

Die Kinder der Klasse 3 wollen herausfinden, wie eine Glühlampe zum Leuchten gebracht werden kann.
Als Stromquelle nutzen sie eine Flachbatterie. Sie befestigen an jedem Pol der Batterie eine Leitung aus Klingeldraht. Von den Enden der Leitungen wurde vorher die Kunststoffhülle (Isolierung) entfernt.

Die Kinder halten die freien Enden der beiden Leitungen an verschiedene Stellen der Glühlampe. Dabei sehen sie sich die Glühlampe genauer an.

1 Nenne die Teile der Glühlampe, an die die Leitungsenden gehalten werden können.

Nun leuchtet die Glühlampe. Der dünne Glühdraht im Glaskolben glüht. Die Kinder haben einen geschlossenen elektrischen Stromkreis aufgebaut. Der elektrische Strom fließt von der Stromquelle durch die eine Leitung zur Glühlampe und von dort durch die andere Leitung wieder zur Batterie. Dabei wird die elektrische Energie in der Glühlampe in Licht und Wärme umgewandelt.

2 Beschreibe den elektrischen Stromkreis.

3 Zeige und benenne die Teile der Glühlampe, an die die beiden Leitungsenden gleichzeitig gehalten werden müssen, damit sie leuchtet.

4 Beschreibe den Weg des elektrischen Stroms in der Glühlampe.

Einen einfachen elektrischen Stromkreis stabil aufbauen

1 Bringt die Glühlampe in einer Fassung zum Leuchten.

Ihr braucht: eine Flachbatterie, eine Fassung, eine Glühlampe, zwei Leitungen aus Klingeldraht und zwei Büroklammern.

▶ Arbeitsheft: Seite 37, 38
◦ Lernsoftware: Nr. 7, 8, 9

In der Elektrowerkstatt

Einen Schalter bauen

Zum Ein- und Ausschalten der Glühlampe könnt ihr einen Schalter in den Stromkreis einbauen. Ihr braucht: festen Karton (6 cm Seitenlänge), zwei Musterbeutelklammern, ein Stück Klingeldraht, eine Büroklammer, einen Schraubendreher.

1 Stecht zwei Löcher (Abstand 2 cm) in die Mitte des Kartons.

2 Steckt eine Musterbeutelklammer durch die Büroklammer.

3 Steckt die Musterbeutelklammern durch die Löcher und spreizt die Klammern auseinander.

4 Löst eine Leitung von der Fassung und befestigt sie auf der Rückseite des Kartons an einer Musterbeutelklammer.

5 Verbindet mit der neuen Leitung die andere Musterbeutelklammer und die Fassung.

Was leitet elektrischen Strom?

Mit dem Schalter lässt sich der elektrische Stromkreis leicht öffnen und schließen. Die Büroklammer am Schalter ist aus einem Material, das den elektrischen Strom leitet. Dieses Material nennt man Leiter. Materialien, die den Strom nicht leiten, heißen Nichtleiter (Isolatoren).

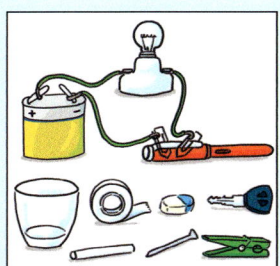

1 Vermutet, welche Materialien den Strom leiten oder nicht leiten.

2 Überprüft eure Vermutungen mithilfe eines einfachen elektrischen Stromkreises und unterschiedlicher Gegenstände.

		Vermutung		Beobachtung	
Gegenstand	Material	leitet	leitet nicht	leitet	leitet nicht

3 Welche Materialien würden sich für den Bau eines Schalters eignen? Begründet.

Bau eine Taschenlampe

Du brauchst:

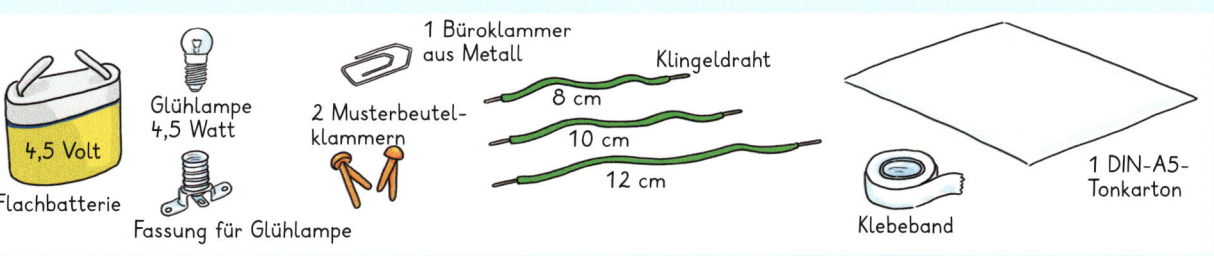

Tipp: Achte darauf, dass die Leitungsenden abisoliert sind und stabil befestigt werden.

● **M 11 Einen Versuch selbst planen und durchführen, Seite 10**

■ Elektrische Energie im Haushalt, Seite 86/87
► Arbeitsheft: Seite 39

Skizzieren und zeichnen

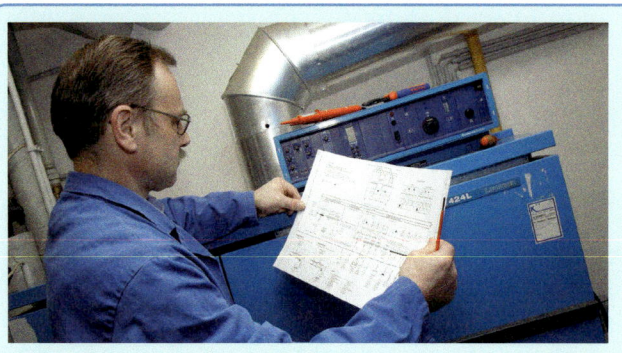

Elektriker benötigen Schaltpläne für ihre Arbeit. Ein Schaltplan zeigt, wo Leitungen verlegt werden, wo elektrische Geräte oder Lampen angeschlossen werden und wo Schalter nötig sind. Ein Schaltplan wird mit Bleistift und Lineal oder dem Computer gezeichnet. Man verwendet Schaltzeichen:

Stromquelle	Leitung	Verbraucher	Schalter geöffnet	Schalter geschlossen

Ein Schaltplan

Hier ist ein einfacher elektrischer Stromkreis aufgebaut.

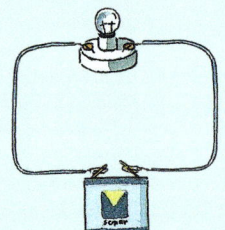

Verbraucher (Glühlampe)
Leitungen

Stromquelle (Batterie)

So sieht der Schaltplan zu diesem einfachen elektrischen Stromkreis aus.

Einen Schaltplan zeichnen

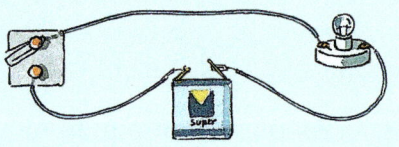

Der Versuchsaufbau zeigt einen elektrischen Stromkreis mit einem Schalter. Zeichne den Schaltplan zu diesem Versuchsaufbau.

1 Zeichne zuerst die Stromquelle.

2 Ziehe gerade Linien für die Leitungen nach rechts und nach links und rechtwinkelig um die Ecken.

3 Zeichne rechts den Verbraucher ein.

4 Zeichne links den geöffneten Schalter ein.

5 Zeichne oben die Leitung vom Verbraucher zum Schalter ein.

1

2

3

4
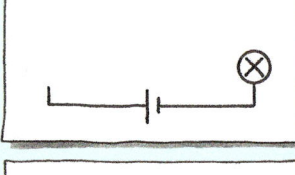

5
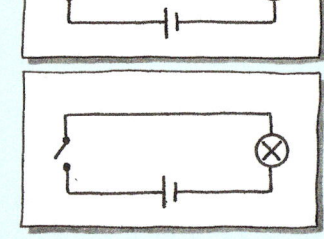

Stromkreise mit mehreren Glühlampen

Du brauchst:

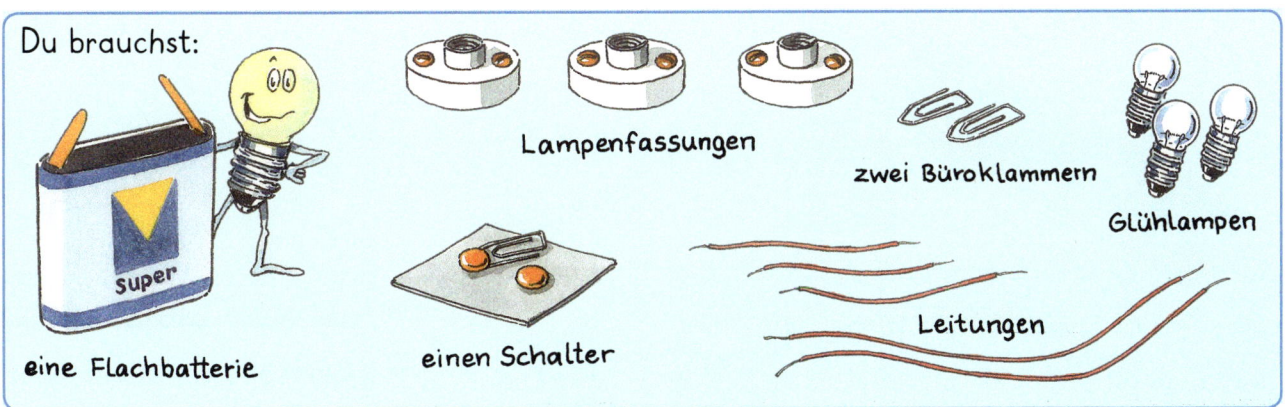

eine Flachbatterie · Lampenfassungen · zwei Büroklammern · Glühlampen · einen Schalter · Leitungen

Reihenschaltung

In einem elektrischen Stromkreis sind zwei Glühlampen in einer Reihe angeordnet. Das ist eine Reihenschaltung.

1 Baue den elektrischen Stromkreis nach.

2 Schau die Schaltpläne a und b an. Welcher passt zu diesem Versuchsaufbau?

3 Vergleiche die Helligkeit der Glühlampen mit dem Versuch auf Seite 84.

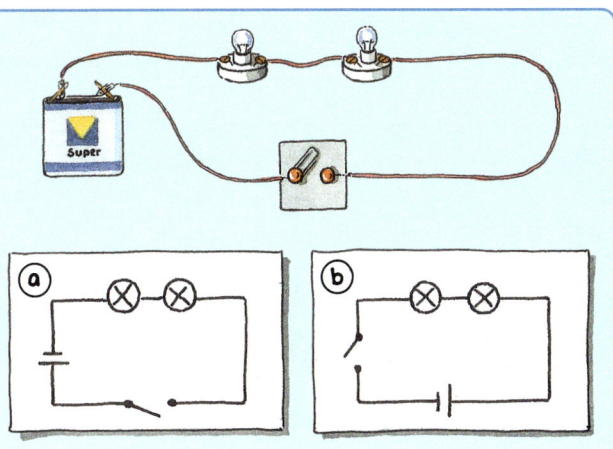

Reihenschaltung und Schaltpläne

A Dieser Schaltplan zeigt eine Reihenschaltung.

1 Stelle die passenden Materialien zusammen.

2 Baue den elektrischen Stromkreis so auf, wie es der Schaltplan zeigt.

B Hier ist der Schalter an einer anderen Stelle eingebaut.

1 Zeichne einen Schaltplan zu diesem Versuch.

2 Überprüfe, ob der elektrische Stromkreis geschlossen ist. Baue dazu den Versuch so auf, wie es der Schaltplan zeigt.

C Dieser Raum eines Spielhauses hat eine Beleuchtung mit zwei Glühlampen an zwei verschiedenen Stellen des Zimmers.

1 Zeichne einen Schaltplan.

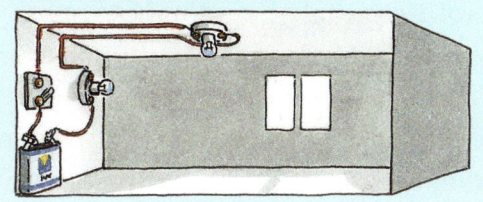

● M 11 Einen Versuch selbst planen und durchführen, Seite 10

Elektrische Energie im Haushalt

Elektrische Geräte erleichtern das Leben und die Arbeit im Haushalt. Elektrische Energie kommt über Leitungen und Kabel aus Kraftwerken ins Haus.
Der größte Teil der elektrischen Energie wird noch in Kraftwerken erzeugt, die mit Gas, Kohle, Öl oder Kernbrennstoff betrieben werden. Diese Formen der Energieerzeugung belasten die Umwelt. Deshalb ist es wichtig, mit elektrischer Energie sparsam umzugehen.

1 Zähle auf, welche elektrischen Geräte im Haushalt genutzt werden.

Achtung! Es ist lebensgefährlich, wenn man mit Elektrizität aus der Steckdose in Berührung kommt und Strom durch den menschlichen Körper fließt.
Wasser leitet elektrischen Strom. Deshalb muss man im Badezimmer und in feuchten Räumen besonders vorsichtig mit Elektrogeräten umgehen.

Wenn elektrische Geräte, Leitungen oder Stecker beschädigt sind, besteht Gefahr. Sie dürfen nicht benutzt werden. Nur ein Fachmann darf sie reparieren.

● M 6 Einen Lernort erkunden, Seite 8

Ein Teil der elektrischen Energie wird mithilfe erneuerbarer Energiequellen erzeugt. Dazu gehören Windräder, Solaranlagen, Wasserkraftwerke und Biogasanlagen. In Kraftwerken, die mit Kohle, Gas, Öl oder Kernenergie betrieben werden, geht bei der Erzeugung elektrischer Energie ein großer Teil der eingesetzten Energie verloren. Deshalb muss die wertvolle elektrische Energie effektiv genutzt werden.

2 Vergleicht die Kosten einer Energiesparlampe und einer LED-Lampe. Beide Lampen leuchten etwa gleich hell. (Zum Vergleich: Eine vergleichbare Glühlampe benötigte früher etwa 100 Watt (W) und hatte eine Lebensdauer von 1000 Stunden.)

|  **Energiesparlampe (23 W)**

Kaufpreis: etwa **6 €**

Lebensdauer: **10 000 Stunden**

Energiekosten für
1000 Stunden Licht: etwa **5,70 €** |  **LED (14 W)**

Kaufpreis: etwa **8 €**

Lebensdauer: **15 000 Stunden**

Energiekosten für
1000 Stunden Licht: etwa **3,50 €** |

Elektrische Geräte

Viele elektrische Geräte erleichtern unser Leben.

1 Trage die abgebildeten Geräte in einer Tabelle richtig ein.

Elektrische Geräte für

Licht	Wärme	Arbeit

Strom sparen

1 Schau die Abbildung an und nenne die Geräte, die gerade unnötig elektrische Energie verbrauchen.

2 Wo wird noch Energie verschwendet?

3 Überlege, wo du selbst auf sparsamen Umgang mit Energie achten kannst.

Magnetismus

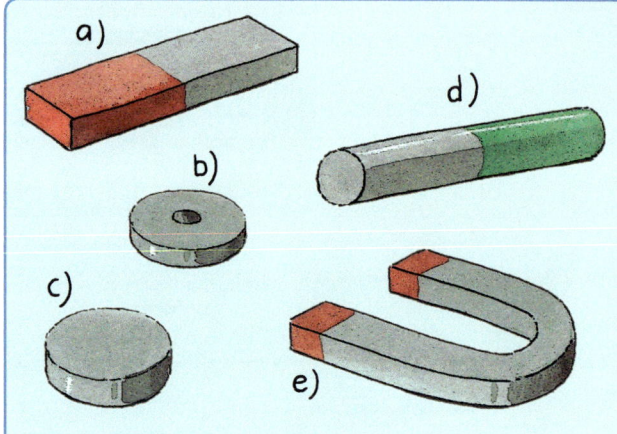

Magnete

Es gibt verschiedene Magnete. Sie werden nach ihrer äußeren Form benannt und heißen: Stabmagnet, Ringmagnet, Scheibenmagnet und Hufeisenmagnet.

1 Benenne die Magnete in der Abbildung.

2 Wo hast du in deiner Umwelt schon Magnete entdeckt?

Magnete ziehen Gegenstände an

1 Finde heraus, welche Gegenstände von Magneten angezogen werden und welche nicht.

2 Trage deine Ergebnisse in eine Tabelle ein. Notiere vorher, was du vermutest.

Gegenstand	Vermutung	Ergebnis
Glaskugel	zieht an	zieht nicht an

3 Vergleiche und besprich deine Ergebnisse mit anderen Kindern.

4 Welche gemeinsame Eigenschaft haben alle Gegenstände, die von Magneten angezogen werden?

Wie weit kann ein Magnet wirken?

1 Lege eine Büroklammer genau an der Nulllinie an. Schiebe nun langsam den Magnet von rechts nach links.

2 Lies den Abstand von der Büroklammer zum Magneten ab, wenn die Büroklammer angezogen wird.

3 Probiere es auch mit einem Geldstück, einem kleinen und einem großen Nagel.

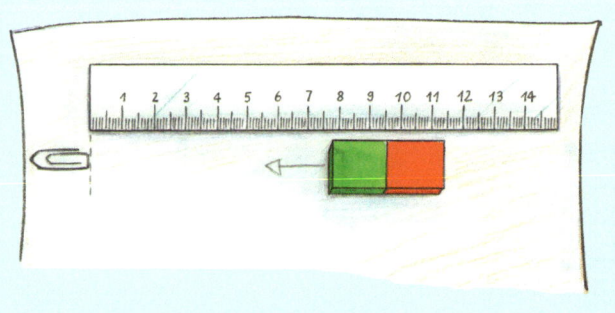

4 Trage deine Messungen in eine Tabelle ein.

● M 11 Einen Versuch selbst planen und durchführen, Seite 10

■ Himmelsrichtungen und Kompass, Seite 58/59

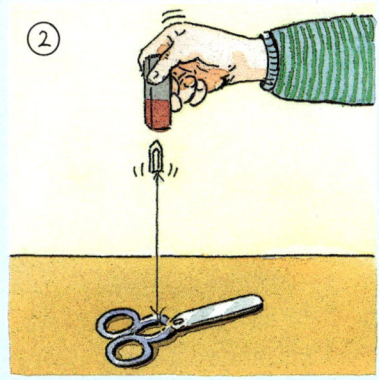
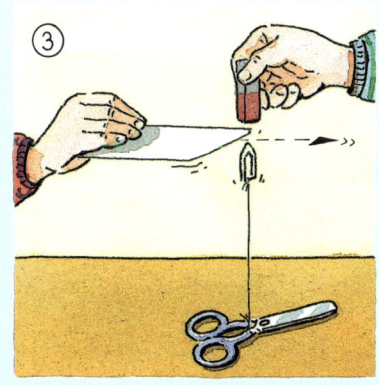

Magnete wirken durch Gegenstände

1 Lege eine Büroklammer in ein Glas. Versuche, die Klammer aus dem Glas zu holen, ohne das Glas oder die Büroklammer zu berühren.

2 Befestige eine Büroklammer an einem dünnen Faden, das freie Ende an einem Gegenstand, zum Beispiel an einer Schere. Lasse die Büroklammer unter dem Magneten schweben.

3 Halte vorsichtig ein Stück Papier zwischen Büroklammer und Magneten. Was beobachtest du?

Ihr braucht:

Stifte, Büroklammern, Filmdosen, Holzstab, Magnet

Das Magnetspiel

1 Zeichnet einen Plan auf ein Blatt Papier, zum Beispiel einen Straßenplan. Klebt dann den Plan auf die Pappe.

2 Klebt die Filmdosen in den vier Ecken unter der Pappe fest.

3 Klebt einen kleinen Magneten auf das vordere Ende eines Holzstabes.

4 Legt Büroklammern auf den Spielplan und haltet den Holzstab mit dem Magneten unter den Spielplan. Das Spiel beginnt.

Übrigens

Natürliche Magnete

Von der griechischen Landschaft „Magnesia" (Region Thessalien) haben wahrscheinlich die Magnete ihren Namen. Dort wurden vor langer Zeit die ersten „Magneteisensteine" gefunden. Sie bestehen aus magnetischem Eisenerz.

Technik: Das habe ich gelernt

In diesem Sachbuch darf nicht geschrieben oder gezeichnet werden!
Notiere daher in deinem Heft die Überschrift dieser Seite, die Nummer und den Buchstaben der Aufgabe und dahinter deine Antwort.

1 Notiere die Teile der Glühlampe.

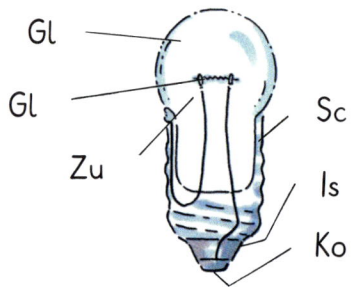

Gl
Gl
Zu
Sc
Is
Ko

2 Der Schaltplan zeigt einen elektrischen Stromkreis.

A Welche Materialien wurden verwendet? Schreibe sie auf.

B Überprüfe, ob die Glühlampe leuchtet. Notiere das Ergebnis.

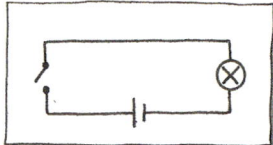

3 Finde die Namen der erneuerbaren Energiequellen und schreibe sie auf.

C SENONENRNEGIE
WASESRKFRAT
WEINDNEGRIE
BINOEREGIE

4 Schreibe die Begriffe ab und streiche den, der nicht passt, durch.

D – Licht
– Kälte
– Wärme
– Batterie
– Bewegung

E – Kette
– Kettenblatt
– Kleeblatt
– Ritzel
– Zahn

5 Schreibe auf, welche Gegenstände von Magneten angezogen werden.

F – Glasmurmel
– Eisenschraube
– Plastiklöffel
– Kupferdraht
– Alufolie
– Holzknopf
– Büroklammer aus Eisen

6 Notiere die Namen der abgebildeten Magnete.

G

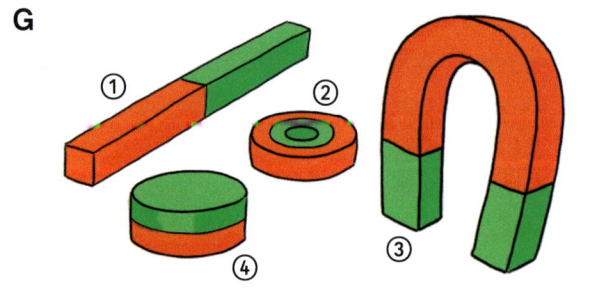

7 Schreibe die richtigen Sätze ab.

H – Brücken haben Pfeiler und Balken.
– Wenn ein Zahnrad in das andere greift, spricht man von einem Getriebe.
– In einem Zahnradgetriebe dreht sich das kleinere Zahnrad langsamer als das große Zahnrad.

– Die elektrische Bohrmaschine kommt ohne ein Zahnradgetriebe aus.
– Beim Fahrrad werden mithilfe der Kette die Kraft und Bewegung des Kettenblattes auf das Ritzel übertragen.
– Für eine Fahrt bergab eignet sich ein kleiner Gang.

Zeit

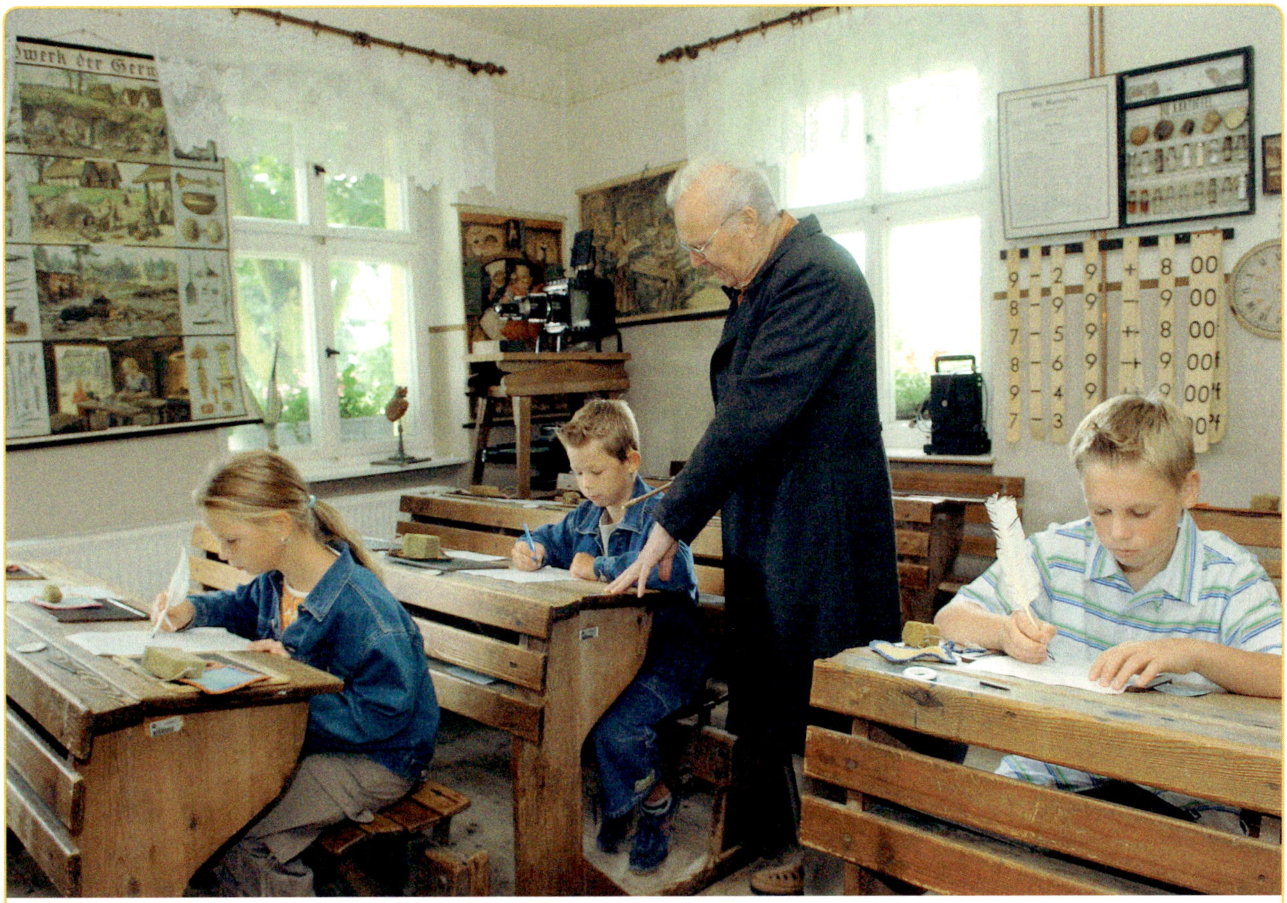

Eine Klasse besucht ein Schulmuseum. Die Kinder probieren aus, wie man vor 100 Jahren gelernt hat. Informiere dich, welche Regeln damals galten.

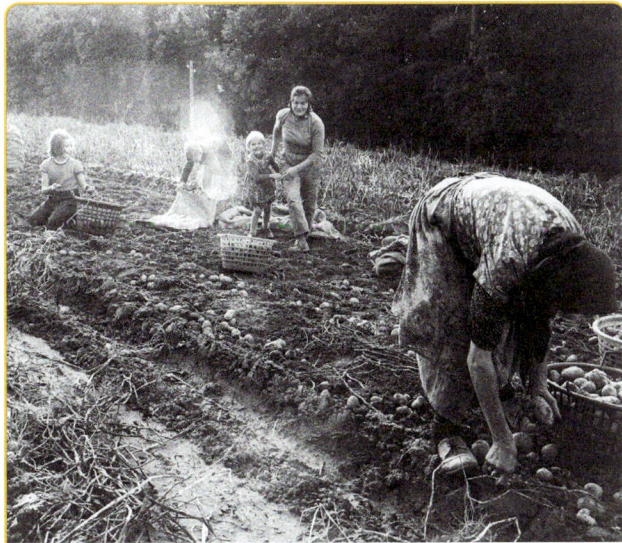

Früher mussten auf den Bauernhöfen alle mitarbeiten. Welche Arbeiten wurden von Kindern verrichtet?

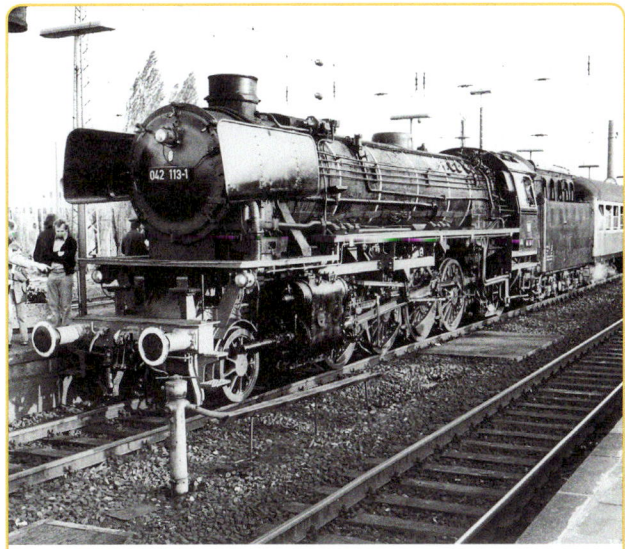

Noch vor 70 Jahren konnten viele Menschen nur mit der Eisenbahn reisen. Nenne weitere Verkehrsmittel, die du schon benutzt hast.

- M 4 Einen Text im Schulbuch auswerten
- M 6 Einen Lernort erkunden
- M 8 Ein Bild auswerten
- M 12 Eine Zeitleiste anlegen
- M 13 Mit einer Zeitleiste arbeiten
- M 14 Ein Interview planen und durchführen
- M 15 Ein Interview auswerten

Die Geschichtswerkstatt

Aus der Ortsgeschichte

Welche Fundstücke und Bauwerke aus der Vergangenheit gibt es in deinem Ort?

1 Entdeckt die Geschichte eures Schulortes. Plant eine Geschichtswerkstatt.

2 Sucht Bilder und Bücher, die über euren Heimatort von früher erzählen.

● M 6 Einen Lernort erkunden, Seite 8
● M 12 Eine Zeitleiste anlegen, Seite 11
● M 13 Mit einer Zeitleiste arbeiten, Seite 11

Ordne die Fundstücke und Bauwerke auf einer Zeitleiste an.

3 Beschließt, welches Ereignis oder welches alte Gebäude ihr erkunden wollt.

4 Überlegt, wie ihr vorgehen könntet. Welche Erkundungsformen eignen sich?

Schule früher (1)

An Lenas Schule wird ein festliches Schuljubiläum vorbereitet. Deshalb sammelt die Schule alle Informationen aus der Vergangenheit. Alte Bücher, Urkunden und Gegenstände sollen beim Schulgeburtstag in einer Ausstellung gezeigt werden.

Früher war in der Schule vieles anders als heute. Es gab nur einen Lehrer und nur einen Klassenraum für alle Kinder.

Für den oben abgebildeten Klassenraum, der heute im Museum gezeigt wird, gibt es noch ein Verzeichnis der Einrichtung: ein Kruzifix, zwei Bilder vom Kaiser und seiner Frau, ein hoher Lehrertisch, 14 Schulbänke mit je fünf Plätzen, drei Landkarten, ein Stuhl, ein Zeigestock, eine Holztafel auf einem Ständer, ein Ofen, ein Schrank, ein Thermometer, ein Stundenplan, ein Lehrplan, eine Anordnung der Regierung, ein Harmonium, eine Geige, ein Globus, ein Verbandskasten, eine Rechenmaschine und ein Spucknapf.

1 Sucht die im Text genannten Gegenstände auf dem Foto. Was entdeckt ihr noch?

2 Vergleicht mit eurem Klassenraum.

3 Erkundigt euch, wo ihr in einem Museum alte Schulräume besichtigen könnt.

Die Kinder saßen nach dem Alter sortiert nebeneinander in unbequemen Holzbänken. Oft wurden 50 Kinder aus mehreren Schuljahren gleichzeitig in einem Raum unterrichtet.

Während der Lehrer mit einem Schuljahr arbeitete, mussten alle anderen Kinder leise schreiben oder rechnen.

● M 8 Ein Bild auswerten, Seite 9   ■ Schule früher (2), Seite 96/97

Die Regeln im Unterricht waren streng. Jeder musste leise sein und still sitzen. Die Hände sollten auf dem Tisch liegen, die Füße nebeneinander auf dem Boden stehen. Die Kinder meldeten sich mit dem Zeigefinger der rechten Hand. Nur wer gefragt wurde, durfte reden. Wer dran war, musste aufstehen, den Lehrer anschauen und laut und in ganzen Sätzen sprechen.

Der Lehrer bestrafte Kinder oft durch Schläge mit seinem Rohrstock. Deshalb lernten viele Kinder nicht gern und nicht gut. Immer mehr Kinder kamen in die Schulen. Es mussten viele neue Schulen gebaut und neue Lehrer eingestellt werden. Im Jahr 1914 begann der Erste Weltkrieg. Fast alle Lehrer mussten als Soldaten in den Krieg. Seit dieser Zeit wurden mehr Frauen eingestellt.

4 Versucht, diese Regeln für kurze Zeit in eurer Klasse einzuhalten.

5 Vergleicht Einschulungs- und Klassenfotos von früher und heute.

Der „Kieler Anzug", 1911.

Jungenklasse mit einer Lehrerin. Aufnahme von 1917.

Stundenplan

Stunde	Montag	Dienstag	Mittwoch	Donnerstag	Freitag	Samstag
7.30 – 8.30	Religion von Geistlichen	Religion	Geschichte	Religion von Geistlichen	Biblische Geschichte	Naturlehre
8.30 – 9.30	Rechnen	Geographie	Naturbeschreibung	Rechnen	Geographie	Naturlehre
9.30 – 10.30	Lesen	Rechtschreiben	Aufsatz	Lesen	Rechtschreiben	Aufsatz
10.30 – 11.30	Raumlehre und Rechnen	Rechnen		Raumlehre und Rechnen	Rechnen	
13.00 – 14.00	Sprachlehre	Schönschreiben		Schönschreiben	Zeichnen	
14.00 – 15.00	Singen	Turnen bzw. Handarbeit		Singen	Turnen bzw. Handarbeit	

▶ Arbeitsheft: Seite 41

Schule früher (2)

Einschulung 1971

Die Mühlenschule kann bald ein Schuljubiläum feiern. Es ist ein Fest zum Geburtstag der Schule. Auch ehemalige Schülerinnen und Schüler sollen sich in der Schule wiedersehen und Lehrkräfte von früher und heute treffen.

In jeder Schule werden Schriftstücke über Lehrer und Kinder, den Unterricht und die Beschlüsse zur Gestaltung des Schullebens aufbewahrt. Diese Akten liegen im Schularchiv.

Manche Schulen schreiben Daten und Ereignisse in einem besonderen Buch auf. Zusammen mit gesammelten Bildern entsteht dadurch eine Schulchronik.

Wer etwas über die Vergangenheit einer Schule wissen will, kann auch ehemalige Schüler und Lehrer nach ihren persönlichen Erinnerungen fragen.

1 Stellt Fragen zur Geschichte eurer Schule. Vergleicht eure Fragen und wählt einige aus. Bildet Gruppen und findet Antworten.

Entdeckt die Geschichte eurer Schule

1 Sammelt alte Gegenstände aus der Schule für eine Ausstellung.

2 Sucht nach alten Fotos, Zeugnissen und Schulbüchern.

3 Informiert euch über die Akten aus dem Archiv und die Schulchronik eurer Schule.

4 Befragt ehemalige Schülerinnen und Schüler eurer Schule über deren Schulzeit.

5 Stellt eine Zeitleiste für eure Schule her.

● M 12 Eine Zeitleiste anlegen, Seite 11
● M 13 Mit einer Zeitleiste arbeiten, Seite 11
● M 14 Ein Interview planen und durchführen, Seite 12
● M 15 Ein Interview auswerten, Seite 12

Hier siehst du das Alphabet in deutscher Schrift. Vor etwa 100 Jahren wurde in dieser Schrift geschrieben.

1 Schreibe deinen Namen in deutscher Schrift.

2 Lies diesen Satz und schreibe ihn in deiner Schrift auf.

Damals wurde mit der Stahlfeder geschrieben, davor mit der Gänsefeder und der Rohrfeder.

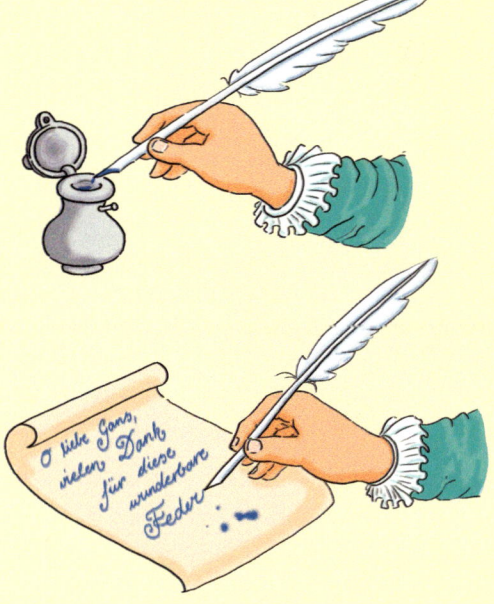

Die Feder wurde in das Tintenfass getaucht, abgestrichen und dann wurde damit geschrieben. Zu viel Tinte führte zu Klecksen auf dem Papier.

■ Schule früher (1), Seite 94/95   ▶ Arbeitsheft: Seite 41

Leben auf dem Lande früher

Früher wohnten viel mehr Menschen auf dem Land als heute. Es gab einige reiche Bauern mit großen Höfen. Aber die meisten Menschen waren sehr arm. In kleinen Häusern lebte die ganze Familie sehr beengt beieinander.

In den alten Bauernhäusern waren außer den Menschen auch die Tiere, Arbeitsgeräte und die Vorräte unter einem Dach untergebracht. Im Sommer wurden die Arbeiten draußen vor dem Haus erledigt. Im Winter wärmten sich alle in der Küche am offenen Feuer, der einzigen Feuerstelle im Haus.

„Ich heiße Willi und bin neun Jahre alt. Mein Vater ist Bauer mit einem sehr kleinen Bauernhof. In unserem Haus leben viele Menschen. Ich schlafe zusammen mit meinen zwei Brüdern in einem Bett im Schlafzimmer meiner Eltern. Meine zwei Schwestern schlafen zusammen mit Oma in einem anderen Zimmer. In einer ganz kleinen Kammer wohnt meine Tante.

Die Erwachsenen haben den ganzen Tag etwas zu tun. Aber auch wir Kinder haben viele Aufgaben. Schon vor der Schule muss ich das Feuerholz hereinholen. Später bringe ich die Ziegen auf die Weide. Mein Schulweg ist etwa drei Kilometer lang.
Ich gehe zu Fuß, im Sommer am liebsten barfuß, weil meine Holzschuhe nicht so bequem sind."

● M 6 Einen Lernort erkunden, Seite 8   ▶ Arbeitsheft: Seite 42

„Ich heiße Dora und bin fast elf Jahre alt. Ich kann meiner Mutter schon viel helfen. Wir stehen morgens vor sechs Uhr auf. Meine erste Aufgabe ist es dann, Wasser ins Haus zu holen. Dabei wasche ich mich gleich am Brunnen. Wenn mein Bruder Willi das Feuerholz hereinbringt, mache ich im Küchenherd das Feuer an. Ich setze einen großen Topf mit Wasser auf den Herd. Bis das Wasser heiß ist, habe ich Zeit, unsere Ziegen zu melken. Die Milch können wir zum Frühstück trinken. Es gibt bei uns fast immer Gerstengraupen-Brei in Buttermilch gekocht. Ich muss den Brei für uns nur etwas auf dem Herd anwärmen, weil wir ihn schon auf Vorrat in großen Portionen gekocht haben. Nach dem Abwaschen des Geschirrs helfe ich meiner Mutter noch schnell. Wir stellen den großen Topf mit eingeweichter Kochwäsche auf den Herd. Heute ist nämlich Waschtag. Wenn ich aus der Schule heimkomme, werde ich noch viel zu tun haben."

1 Vergleicht den Tagesablauf der beiden Kinder mit eurem eigenen.

In vielen Gegenden könnt ihr alte Bauernhäuser und Heimatmuseen besichtigen.

1 Erkundigt euch, wo es in eurer Nähe ein Museumsdorf oder ein Heimatmuseum gibt.

2 Plant eine Exkursion dorthin.

3 Erforscht, wie die Bauern dort früher lebten.

Getreideernte früher und heute

Es gab vor 100 Jahren für die Arbeit auf den Feldern keine oder nur wenige Maschinen. Die meisten Äcker waren damals kleiner als heute. Viele Menschen waren für die Getreideernte nötig, denn fast alles wurde von Hand gemacht. Die gesamte Bauernfamilie, Knechte und Mägde mussten mithelfen. Die Arbeit war schwer.

Wenn das Getreide reif war, wurden die Halme mit der Sense knapp über der Erde abgemäht ①. Diese sehr anstrengende Arbeit machten die Männer.

Die Frauen nahmen die abgeschnittenen Halme auf und formten daraus Bündel ②. Geschickt knoteten sie einige Halme um die Mitte des Bündels. So entstanden die Garben. Zum Trocknen wurden die Garben so aufgestellt ③, dass die Ähren oben waren. Oft machten Kinder diese Arbeit.

Später wurden die Garben auf einen Pferdewagen geladen ④ und in die Scheune des Bauernhofes gebracht. Dort lagerten sie bis zum Spätherbst oder Winter.

Dann wurden die Garben aus der Scheune geholt und die Halme mit den Ähren auf dem Dreschplatz ausgebreitet. Mit Dreschflegeln aus Holz schlugen die Männer die Körner aus den Ähren ⑤.

Das Dreschen, Reinigen und Sieben geschah bald durch Maschinen. Große Dreschmaschinen wurden eingesetzt ⑥, die von Dampfmaschinen oder Elektromotoren angetrieben wurden.

1 Nenne die einzelnen Arbeitsschritte, die früher bei der Getreideernte nötig waren. Vergleiche sie mit der Getreideernte heute.

● M 8 Ein Bild auswerten, Seite 9   ■ Anbau von Getreide, Seite 30/31

Heute wird das reife Getreide mit Mähdreschern geerntet. Sie können in einem Arbeitsgang viele Arbeitsschritte erledigen. Ein Mähdrescher mäht zuerst die Getreidehalme ab. In der Maschine werden die Körner aus den Ähren gedroschen und in einem Tank gesammelt. Regelmäßig leert der Mähdrescher den Körnertank über ein Rohr auf einen Anhänger. Das Stroh wird auf den Acker gestreut. Man kann daraus später Strohballen pressen oder es unterpflügen. Große Mähdrescher können nur auf großen Feldern sinnvoll eingesetzt werden. Sie sparen viel Zeit und viele Arbeitskräfte ein.

Übrigens

Heute mäht ein Mähdrescher in einer Stunde eine große Fläche ab.

Vor 100 Jahren hätten 170 Männer mit Sensen eine Stunde arbeiten müssen, um die gleiche Fläche abzumähen.

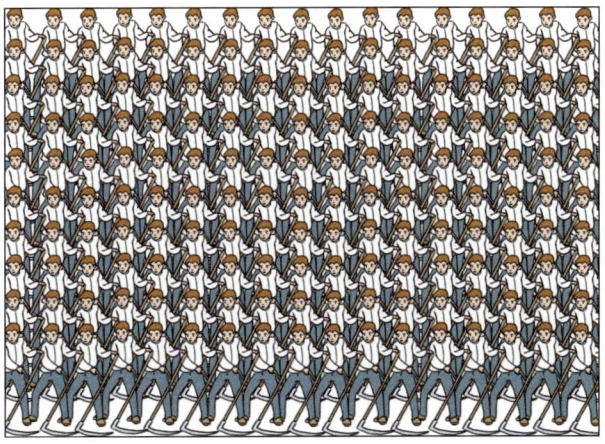

▸ Arbeitsheft: Seite 43   ○ Lernsoftware: Nr. 22, 23

Unterwegs – früher und heute

Uroma erzählt: „Früher ist fast jeder zu Fuß zum Einkaufen gegangen. Der Metzger, der Bäcker und der Milchladen waren nicht weit von unserer Wohnung entfernt. Die Einkaufstaschen waren oft ziemlich schwer. Damals hatten wir nur ein kleines Radio, einen Fernseher konnten wir uns erst viele Jahre später leisten.

Euer Opa ist jeden Morgen um sechs Uhr mit dem Fahrrad acht Kilometer zur Arbeit in die Fabrik gefahren.

Unser erster Urlaub war unsere Hochzeitsreise. Mit dem Zug fuhren wir eine Woche ins Fichtelgebirge. Das war damals etwas ganz Besonderes. Erst Jahre später hatten wir unser erstes Auto. Als euer Papa ungefähr so alt war wie ihr jetzt, haben wir eine große Reise gemacht – bis nach Italien! Unser kleines Auto war mit Koffern, Zelt und uns bis unter das Dach vollgepackt."

1 Vergleiche die Erzählung der Uroma mit dem Leben deiner Familie heute.

1000
Ochsenkarren
Auf dem Landweg werden schwere Lasten auf Ochsenkarren transportiert.

1500
Postkutsche
Ab 1500 fahren im Deutschen Reich die ersten Postkutschen. Sie transportieren Fahrgäste und Briefe.

1803
Dampflokomotive
Richard Trevithick baut die erste Dampflokomotive.

1885
Auto
Carl Benz baut das erste Auto mit Verbrennungsmotor.

| 1300 | 1400 | 1500 | 1600 | 1700 | 1800 |

1300
Laufender Bote
Nachrichten werden von Boten überbracht, die am Tag 30 bis 50 Kilometer zurücklegen.

1445
Buchdruck
Johannes Gutenberg erfindet das Buchdrucken mit beweglichen Lettern.

1605
Zeitung
In Straßburg erscheint die erste Zeitung. Sie heißt „Relation".

1837
Elektrischer Telegraf
Samuel Morse entwickelt einen Schreibtelegrafen und die aus Punkten und Strichen bestehende Schrift („Morsealphabet").

1876
Telefon
Alexander Bell erfindet ein Gerät, das die menschliche Stimme auf elektrischem Weg übertragen kann.

● M 4 Einen Text im Schulbuch auswerten, Seite 7 ■ Die Geschichtswerkstatt, Seite 92/93
● M 13 Mit einer Zeitleiste arbeiten, Seite 11

Die Fotos zeigen einige Verkehrsmittel, die heute von vielen Familien benutzt werden.

2 Notiere, welche Verkehrsmittel deine Familie benutzt. Befrage deine Eltern, welche Entfernungen damit zurückgelegt werden. Notiere jeweils die Anzahl der Kilometer.

3 Finde heraus, welche Medien (z. B. Telefon) deine Familie nutzt und notiere sie.

4 Betrachte die Zeitleiste. Beschreibe die technische Entwicklung:
a) Transport von Menschen und Waren,
b) Information und Medien.

5 Vermute, welche Probleme und Einschränkungen es früher im Alltag der Uroma gab. Überlege, welche Probleme es heute durch Verkehrsmittel und Medien gibt. Vergleiche früher und heute.

1896
Lastwagen
Gottfried Daimler baut den ersten Lastwagen mit Verbrennungsmotor.

1903
Motorflugzeug
Den Brüdern Orville und Wilbur Wright gelingt der erste Flug mit einem Motorflugzeug.

1938
VW Käfer
Ferdinand Porsche konstruiert den „Käfer". Die ersten VW-Käfer werden hergestellt.

1957
Verkehrsflugzeug mit Düsenantrieb
Im Flugverkehr wird auf Langstrecken die Boeing 707, das erste Düsenverkehrsflugzeug, eingesetzt.

1900

2000

1917
Rundfunk
Die ersten Sendungen sind Musikübertragungen. Sechs Jahre später gibt es bereits über eine Million Hörer.

1936
Fernsehen
Die Übertragung der Olympischen Spiele aus Berlin ist die erste große Fernsehsendung.

1943
Computer
Der erste elektronische Digitalcomputer zum Entschlüsseln von Funksprüchen wird erfunden.

1989
Internet
Das Internet ist ein Zusammenschluss von Computernetzwerken. Das World Wide Web (www) ist der bekannteste Bestandteil.

1991
Mobiltelefon (Handy)
Das digitale Mobilfunknetz ermöglicht drahtloses Telefonieren.

Termine, Termine …

Sicherlich hast du das auch schon erlebt: Jemand will mit dir spielen und du musst erst überlegen, ob du Zeit hast.

Zum einen gibt es regelmäßige Termine, zum Beispiel Schule oder Sporttraining. Zum anderen kommen unregelmäßige Termine hinzu, zum Beispiel eine Feier oder ein Besuch beim Arzt.

Wenn man seine Termine kennen und beachten will, sollte man seine Termine geordnet notieren.

Dafür gibt es verschiedene Kalender, zum Beispiel Monatskalender, Wochenkalender oder Tageskalender.

1 Betrachte das Bild oben. Vergleiche die Antworten der Kinder. Vermute, wie du geantwortet hättest.

2 Was machst du, damit du an deine Termine denkst? Vergleicht eure Antworten.

4	5	6	7	8	9	10
Fußballtraining			Sachkunde	Fußballtraining		Hautarzt
						Ronja
11	**12**	**13**	**14**	**15**	**16**	**17**
Emma		Kino		Fußballtraining		
		Jan				
18	**19**	**20**	**21**	**22**	**23**	**24**
Deutsch				Timo		
Fußballtraining						

3 Betrachte den Ausschnitt aus dem Monatskalender. Beschreibe, wie das Kind seine Termine eingetragen hat.

4 Welche Art von Terminen hat das Kind in seinem Kalender notiert?

5 Notiere für eine Woche alle deine Termine. Benutze dazu dein Hausaufgabenheft oder einen Kalender.

Woche	vom	bis

	Fach	Hausauf-gaben	???	erledigt
MONTAG				
DIENSTATG				
MITTWOCH				

	Fach	Hausauf-gaben	???	erledigt
DONNERSTAG				
FREITAG				
WOCHENTAGE	Notizen			

Übrigens

Für jedes Smartphone gibt es Apps, die helfen Termine zu notieren und zu beachten. Solche Kalender-Apps können den Benutzer sogar an Termine erinnern. Es erscheint ein Hinweis auf den Termin auf dem Display. Meist ist dabei ein Signalton zu hören.

6 Befrage deine Eltern, ob sie eine Kalender-App benutzen. Bitte sie dir zu zeigen, wie die Kalender-App funktioniert.

Entscheidungen für die Zukunft

Das autonome Fahren

Wenn sich ein Auto, Bus, Lastwagen selbstständig ohne Fahrer im Straßenverkehr bewegt, wird dieses autonomes Fahren genannt. Viele Automobilhersteller entwickeln zurzeit solche Fahrzeuge. Teilweise fahren Autos schon selbstständig, aber noch mit Fahrer, auf unseren Straßen.

Kameras, Computer und zahlreiche Sensoren übernehmen hierbei die Aufgabe des Fahrers. Das Auto erkennt selbstständig Gefahren und lenkt und bremst das Fahrzeug ganz ohne Eingreifen des Fahrers.

Der Elektrobus ohne Fahrer

Ein fahrerloser Elektrobus wird per Smartphone-App gerufen. Der Bus holt die Fahrgäste ab und bringt sie zum Ziel. Das klingt nach einem Science-Fiction-Film. In Tallinn, der Hauptstadt Estlands, ist es bereits Alltag. Hier fahren die fahrerlosen Kleinbusse bereits seit 2017 im Straßenverkehr. Ausgestattet mit modernster Technik bringen die Kleinbusse ihre Fahrgäste mit einer Geschwindigkeit von 40 Kilometern pro Stunde sicher zu ihrem Ziel. Auch in Deutschland werden die kleinen Busse demnächst fahren. Insbesondere auf dem Land sollen sie eingesetzt werden. Die Busse werden

keine Haltestellen anfahren, sondern ihre Fahrgäste abholen und zum Ziel bringen. Die Routen planen die Computer der Busse selbstständig. Sie wählen umweltfreundlich die kürzeste Fahrstrecke aus.

1 Überlege, welche Vor- und Nachteile das autonome Fahren hat.

2 Vermute, wie das autonome Fahren deinen Alltag verändern könnte.

Die Taxi-Drohne

Die fliegende Taxi-Drohne wird bereits in Dubai für Testflüge eingesetzt. Sie soll Geschäftsleute schnell von einem Ort zum anderen fliegen. Gerufen wird die Drohne per App mit dem Smartphone. Die Drohne landet, der Passagier steigt ein, gibt das Ziel ein und lässt sich zu seinem Ziel fliegen. Während des Fluges muss der Passagier nichts tun. Die Drohne fliegt völlig selbstständig.

Die Drohne berechnet ihre Flugbahn und prüft die Umgebung durch eine Vielzahl von Sensoren, damit der Passagier sicher zum Ziel gelangt. Angetrieben wird sie von acht Elektromotoren. Die Drohne erreicht maximal eine Geschwindigkeit von 100 Kilometern pro Stunde und kann etwa 50 Kilometer weit fliegen.

Die Roboter der Zukunft

Schon heute übernehmen Roboter Aufgaben in unserem Haushalt. Zum Beispiel saugen sie Staub oder mähen den Rasen.
Zukünftig sollen Roboter noch mehr Aufgaben übernehmen. Sie werden die Kinder in die Schule bringen, kranke Menschen pflegen oder zu Hause das Geschirr abwaschen.
Viele Forscher sagen voraus, dass in der Zukunft viele Dinge im Alltag von Robotern erledigt werden.

3 Nenne Vorteile und Nachteile einer Taxi-Drohne im Vergleich zum normalen Taxi.

4 Überlege, wie ein Roboter deinen Alltag vereinfachen könnte.

Zeit: Das habe ich gelernt

In diesem Sachbuch darf nicht geschrieben oder gezeichnet werden!
Notiere daher in deinem Heft die Überschrift dieser Seite, die Nummer und den Buchstaben der Aufgabe und dahinter deine Antwort.

1 Die Schule vor 100 Jahren unterschied sich sehr von der Schule heute.
Finde heraus, was es damals nicht gab und schreibe es auf.

A – Ofen
– Kruzifix
– Fernseher
– Angeschraubte Schulbänke
– Gruppentische
– Rohrstock

B – Holztafel
– Hände auf dem Tisch
– Schwimmunterricht
– Bilder vom Kaiser
– Viele Lehrerinnen
– Aufstehen beim Antworten

2 Lies die Sätze. Schreibe sie in deiner Schrift auf.

C *Die Schüler mußten ganz still sitzen.*

D *Der Lehrer war sehr streng.*

3 Das Bauernmädchen Dora erzählt, welche Arbeiten es nach dem Aufstehen und vor der Schule zu erledigen hat.

E Lies die Stichworte. Schreibe mithilfe der Stichworte einen kleinen Sachtext in der richtigen Zeitfolge.

Wasser holen, Feuer im Ofen machen, Wassertopf auf den Herd stellen, Ziegen melken, Frühstücksbrei erwärmen, abwaschen

4 Hier sind technische Erfindungen aus dem Bereich Verkehrsmittel (F) und dem Bereich Medien (G) zusammengestellt.

Notiere zunächst in der vorgegebenen Weise die Jahreszahlen für die Verkehrsmittel (F). Ordne dann die Verkehrsmittel (F) mithilfe des Buches richtig zu und schreibe die Erfindungen hinter die Jahreszahlen. Bearbeite danach in gleicher Weise die Medien (G).

F 1000 Automobil
1500 Dampflokomotive
1803 Lastwagen
1885 Postkutsche
1896 Verkehrsflugzeug
1957 Ochsenkarren

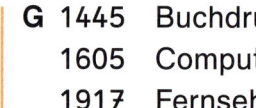

G 1445 Buchdruck
1605 Computer
1917 Fernsehen
1936 Internet
1943 Rundfunk
1989 Zeitung

Gesellschaft

Viele Produkte werden heute von Maschinen hergestellt. Überlegt, wie sich das auf die Arbeitsplätze auswirken kann.

Können Mädchen vieles besser als Jungen oder umgekehrt? Begründet eure Antworten.

Kinder aus verschiedenen Ländern lernen und spielen gemeinsam. Aus welchen Ländern kommen die Kinder eurer Klasse?

- M2 Ein Lerntagebuch anlegen
- M3 Ein Lerntagebuch führen
- M6 Einen Lernort erkunden
- M8 Ein Bild auswerten
- M10 Sich auf einer Karte orientieren
- M14 Ein Interview planen und durchführen
- M15 Ein Interview auswerten

Miteinander leben und lernen

Anne kann mit ihrem rechten Ohr nur noch schlecht hören. Deshalb trägt sie ein Hörgerät. Es hilft ihr, alles zu hören und wie alle anderen im Unterricht mitarbeiten zu können. Ist es aber in der Klasse laut oder es sprechen alle durcheinander, fällt Anne das Hören schwer.

Jans Erkrankung sieht man ihm nicht an. Er leidet an Diabetes. Wenn in seinem Körper der Blutzuckergehalt zu gering ist, kann es ihm schwindelig werden. Damit so etwas nicht passiert, nimmt er regelmäßig Medikamente ein. In den Pausen achtet Jan besonders darauf, dass er ausreichend trinkt und isst.

Tobias kann seit seinem Unfall die Beine nicht mehr richtig bewegen. Seitdem hat er gelernt, sich mithilfe eines Rollstuhles fortzubewegen. Er ist stolz darauf, damit jeden Ort in der Schule allein erreichen zu können. Tobias spielt besonders gut Basketball. Deshalb bekam er auch einen Sportrollstuhl.

1 Mit welcher Erkrankung oder Behinderung leben und lernen Anne, Tobias und Jan?

2 Lernen in eurer Klasse auch Kinder mit einer Erkrankung oder Behinderung? Besprecht, worauf ihr zu achten habt.

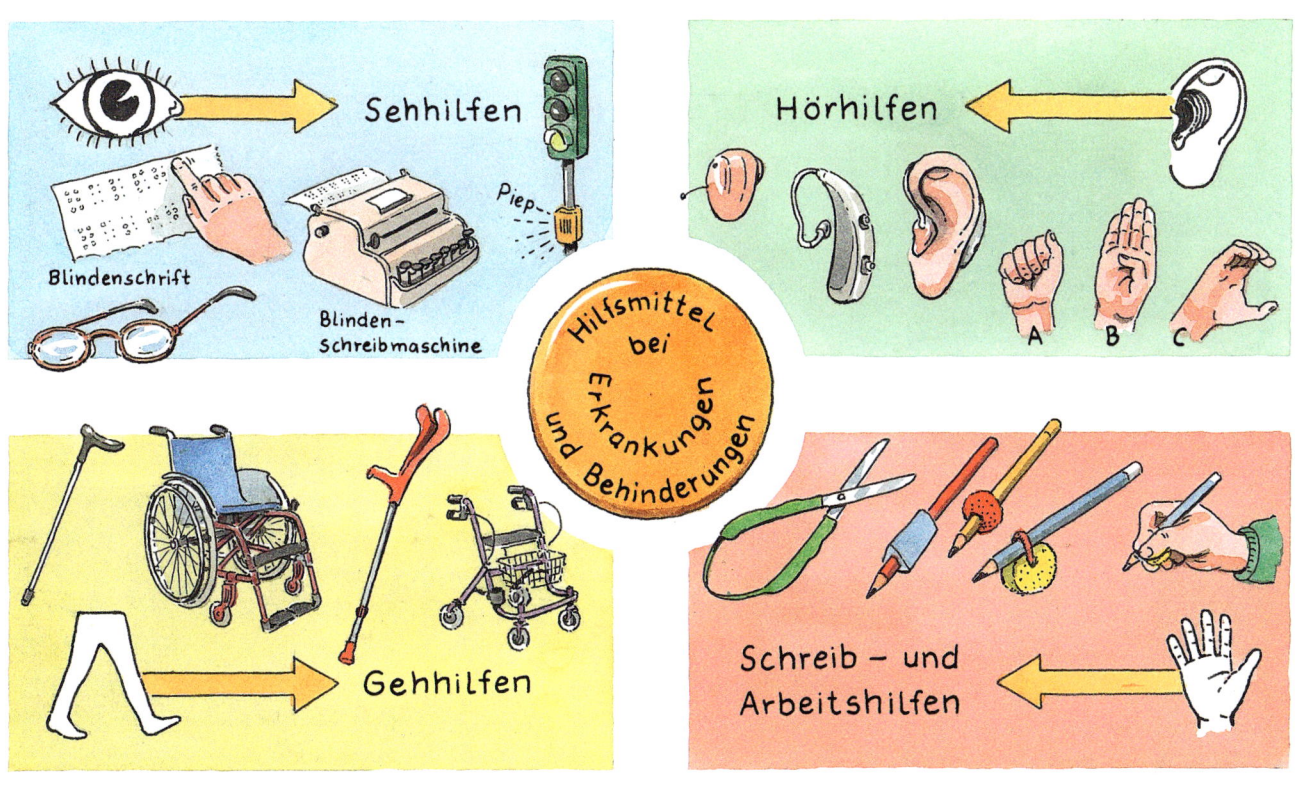

Hilfsmittel bei Erkrankungen und Behinderungen

Sehhilfen

Blindenschrift

Blinden-Schreibmaschine

Piep

Hörhilfen

A B C

Gehhilfen

Schreib- und Arbeitshilfen

3 Besprecht die Übersicht.

4 Paul fällt es sehr schwer, den schmalen Buntstift in seiner Hand zu halten. Was kann ihm helfen?

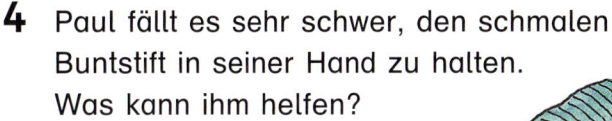

Wie du helfen kannst

Wenn sich Jule mit Anne in der Pause unterhält, schaut sie ihr genau ins Gesicht. Dabei spricht sie langsam und deutlich. Dann kann Anne Jules Worte auch manchmal von den Lippen ablesen.

Malte arbeitet gern mit Tobias zusammen. Wenn er bemerkt, dass es Tobias schwerfällt, seine Materialien aus der Tasche zu holen, bietet er ihm seine Hilfe an.

5 Beschreibe, wie rücksichtsvoll sich Jule und Malte verhalten.

Wir planen einen Ausflug

Die 3. Klasse möchte einen Ausflug machen. Von den Kindern werden viele interessante Ziele vorgeschlagen. Einige Vorschläge gefallen den Kindern sofort, andere finden sie nicht so gut. Die Kinder wissen, dass sich nicht alle Pläne durchführen lassen. Vier Vorschläge kommen in die engere Wahl. Diese vier Ausflugsziele werden an die Tafel geschrieben. Die Lehrerin fordert die Kinder auf, Gründe für oder gegen die Ziele zu nennen. Einige Kinder haben schon Informationen und können ihre Entscheidungen begründen. Nachdem sie ihre Argumente genannt haben, müssen zwei Ausflugsziele gestrichen werden. Es ist nicht möglich, Ausflüge dorthin zu machen.

1 Welches Ausflugsziel würdest du wählen? Begründe deine Wahl.

2 Welches Ausflugsziel aus deiner Umgebung würdest du deiner Klasse vorschlagen? Begründe den Vorschlag.

Ich finde Minigolf zwar gut, aber wir sind nur kurz da und können gar nicht alles ausprobieren.

Lena

Zum Badesee sollten wir nicht gehen, weil nicht alle Kinder sicher schwimmen können.

Daniel

Es darf nicht zu teuer werden. Für die Schifffahrt müssen wir mit dem Bus anreisen. Das kostet viel.

Anna

Können wir jetzt wählen?

Ben

■ Einen Klassensprecher wählen, Seite 114

Die offene Abstimmung

Die Kinder wollen herausfinden, welches Ausflugsziel am beliebtesten ist. Dazu führen sie eine **offene Abstimmung** durch. Jeder darf sich einmal melden und so seine Stimme bei der Wahl abgeben. Wer sich nicht entscheiden kann, darf sich enthalten und muss sich gar nicht melden.

Maria und Jan sind als Wahlleiter bestimmt worden. Jan zeigt nacheinander auf die Ziele an der Tafel und fragt, wer dafür ist. Maria zählt, wie viele Kinder die Hand heben, und notiert die Anzahl. Enthaltungen gibt es nicht.

Jetzt geht's weiter.

Nach dieser Abstimmung stellt sich heraus, dass für zwei Ausflugsziele gleich viele Stimmen abgegeben wurden. Dieses Ergebnis hilft nicht weiter. Zur Entscheidung muss eine Stichwahl durchgeführt werden.

Die Kinder können bei der **Stichwahl** nur noch zwischen den beiden stimmgleichen Zielen entscheiden.

Diesmal fragt Maria und Jan zählt, wie viele Kinder sich melden. Es gibt ein klares Ergebnis. Nun steht das Ausflugsziel fest, das die Mehrheit der Kinder wünscht.

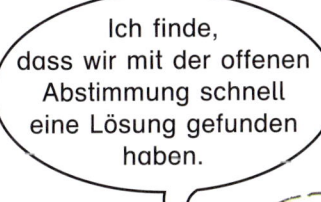

Ich finde, dass wir mit der offenen Abstimmung schnell eine Lösung gefunden haben.

Ina

Ich habe das gewählt, was mein Freund gewählt hat, weil ich mit ihm zusammen sein will.

Tom

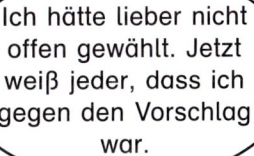

Ich hätte lieber nicht offen gewählt. Jetzt weiß jeder, dass ich gegen den Vorschlag war.

Klara

1 Nennt Beispiele, bei denen es offene Abstimmungen gibt.

2 Diskutiert darüber, warum nicht alle Abstimmungen offen durchgeführt werden.

3 Nennt die Vorteile oder Nachteile einer offenen Abstimmung.

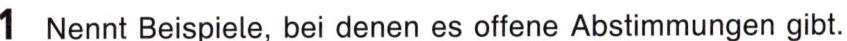

■ Die geheime Abstimmung, Seite 115

Einen Klassensprecher wählen

Die 3. Klasse hat beschlossen, einen Klassensprecher oder eine Klassensprecherin zu wählen. Vier Kinder stellen sich zur Wahl.

Sie sagen:

Wenn ich Klassensprecher werde, übernehme ich alle Ämter in der Klasse und erledige auch die Botendienste.

Timo

Ihr könnt mir alle eure Wünsche sagen. Ich werde sie den Lehrern vortragen. Ich helfe euch bei Problemen.

Kim

Ich erledige die Aufgaben, die ihr mir gebt. Aber jeder muss auch Verantwortung übernehmen und mithelfen.

Pia

Ich sorge dafür, dass es weniger Streit gibt, denn ich kann gut Streit schlichten.

Murat

1 Welche Aufgaben hat ein Klassensprecher? Diskutiert die Aussagen der vier Kinder.

Die vier Kinder möchten gern gewählt werden. Sie sind alle überzeugt, dass sie gute Klassensprecher wären. Alle vier stellen den Mitschülern vor, was sie als Klassensprecher tun wollen. So eine begründete und überzeugende Aussage nennt man ein Argument.

2 Welche Eigenschaften sollte ein Klassensprecher haben?

Wenn man erfolgreich argumentieren will, muss man sich sicher sein. Man muss genau Bescheid wissen. Vielleicht ist es sogar nötig, den Beweis zu liefern, dass man recht hat. Man braucht gute Argumente. In Diskussionen streiten die Teilnehmer oft mit gegensätzlichen Argumenten.

Übrigens

Auch Erwachsene argumentieren und stimmen ab. Sie wählen zum Beispiel Elternvertreter für die Klasse. In der Gemeinde wird ein Bürgermeister oder eine Bürgermeisterin gewählt.
In allen diesen Ämtern sollen die gewählten Personen für ihre Wähler sprechen und Gutes tun.
In Deutschland werden Abgeordnete von allen wahlberechtigten Deutschen für den Bundestag in Berlin gewählt. Die Bundestagsabgeordneten entscheiden über wichtige Fragen für ganz Deutschland.

■ Wir planen einen Ausflug, Seite 112

Die geheime Abstimmung

Die Kinder führen bei ihrer Klassensprecher-wahl eine demokratische Wahl durch.
Das griechische Wort Demokratie bedeutet übersetzt „die Herrschaft durch das Volk". Damit ist gemeint, dass alle Bürger an der Regierung ihres Landes mitwirken. Es kann aber nicht jeder Einzelne an allen Entschei-dungen beteiligt werden. Deshalb wählen die Bürger Abgeordnete ihres Vertrauens. Diese demokratisch gewählten Personen sprechen und entscheiden für ihre Wähler in den Parlamenten.
Bei einer demokratischen Wahl hat man ein Wahlrecht, ist aber nicht gezwungen zu wählen. Man kann auf die Wahl verzichten oder den Wahlzettel ohne Kreuz abgeben, um seine Stimmenthaltung zu zeigen. Wichtig ist, dass nach der Wahl alle das Wahlergebnis anerkennen, auch wenn sie selbst anders gewählt haben.

1 Welche Vorteile hat die geheime Wahl gegenüber der offenen Abstimmung?

Merkmale einer demokratischen Wahl:
Die Wahl ist allgemein. Jedes Kind der Klasse darf wählen. Jedes Kind der Klasse kann gewählt werden.
Die Wahl ist frei. Die Wähler können sich ihre Meinung bilden und frei entscheiden, wen sie wählen.
Die Wahl ist geheim. Die Kinder können wählen, ohne dass ihre persönliche Wahl bekannt ist.
Die Wahl ist gleich. Jeder Wähler hat gleich viele Stimmen. Jede Stimme zählt gleich viel.
Die Wahl ist unmittelbar. Der Klassensprecher wird direkt von den Kindern gewählt.

Ablauf einer geheimen Abstimmung:

1 Wer sich bei einer Wahl wählen lassen möchte, ist **Kandidat.** Auch Kandidaten dürfen mitwählen.

2 Damit bei der Wahl alles richtig gemacht wird, gibt es den **Wahlleiter.** Wer die Wahl leitet, darf mitwählen, aber nicht Kandidat sein.

3 Jeder Wahlberechtigte erhält einen Stimmzettel mit den Namen der Kandidaten. Man wählt durch Ankreuzen.

4 Hinter einem Sichtschutz, der **Wahlkabine,** kann man unbeobachtet sein Kreuz auf dem Stimmzettel machen.

5 Die **Wahlurne** ist ein Sammelbehälter für abgegebene Stimmzettel.

6 Wenn die Wahl beendet ist, wird die Wahlurne ge-leert. Bei der **Auszählung** werden die Stimmzettel vorgelesen und die Stimmen gezählt.

7 Wenn alle Stimmen ausgezählt sind, steht das **Wahlergebnis** fest. Wer die meisten Stimmen hat, ist der Gewinner.

■ Die offene Abstimmung, Seite 113
▶ Arbeitsheft: Seite 44

○ Lernsoftware: Nr. 85

Umgang mit Konflikten

Wenn Kinder zusammen sind, kann es vorkommen, dass ein Streit entsteht. Das ist ganz normal und kein großes Problem. Schwierig wird es nur, wenn die Kinder nicht nach fairen Regeln streiten, sondern schlimme Fehler machen. Dann kann aus einem einfachen Streit ein großer Konflikt werden.

Das Wort Konflikt kommt aus der lateinischen Sprache und bedeutet Aufprall. Meinungen, Verhalten und Gefühle prallen aufeinander. Es kommt zu Ärger, Wut, sogar zu Verletzungen und Schmerzen. Dadurch ist es nicht leicht, sich wieder zu versöhnen.

drohen

auslachen

beleidigen

lügen

alles allein haben wollen

nicht aufhören zu ...

anderen wehtun

provozieren

sich anschreien

Sache wegnehmen und verstecken

vordrängen

beschimpfen

andere anstiften

kaputtmachen

schlagen

Rache ankündigen

...

Wie unüberwindliche Hindernisse stehen die falschen Verhaltensweisen einer Versöhnung im Wege.

Wer nicht möchte, dass ein Streit zum Konflikt wächst, muss das Verhalten vermeiden, das auf den Hindernissteinen notiert ist.

1 Lies dir durch, welche Verhaltensweisen einen Streit zum Konflikt werden lassen. Ergänze, was noch dazu beitragen kann.

2 Berichte von Streitgeschichten, die du erlebt hast. Welche Hindernisse standen im Weg?

3 Wie gelang es, sich wieder zu vertragen?

● M 8 Ein Bild auswerten, Seite 9   ■ Miteinander leben und lernen, Seite 110/111

miteinander reden

zuhören und ausreden lassen

erklären begründen

nachfragen sich entschuldigen

Humor zeigen und nicht alles persönlich nehmen

selbst auf den anderen zugehen

Wenn ein Konflikt besteht und nicht aus dem Weg geräumt werden kann, befindet sich dieser Konflikt wie ein großer Graben zwischen zwei Personen. In solchen Situtationen kann das richtige Verhalten voneinander getrennte Kinder wieder zusammenführen. Oft können auch andere Personen dabei helfen. An vielen Schulen gibt es „Streitschlichter" oder „Konfliktlotsen", die man aufsuchen kann, wenn man Hilfe benötigt.

4 Lies, durch welches Verhalten ein Konflikt gelöst werden kann. Ergänze, was noch dazu beiträgt.

5 Erzähle von einem erfolgreich beendeten Konflikt, den du erlebt hast. Welche Brücken waren hilfreich?

Das ist eine ungeordnete Auswahl von Bemerkungen, die man bei Konflikten oft hört. Manche Sätze helfen, den Zwiespalt zu überbrücken, manche vertiefen ihn nur.

A) Entschuldige bitte.
B) Immer willst du alles bestimmen!
C) Es tut mir leid.
D) Nie bin ich dran!
E) Du hast angefangen!
F) Ich wollte dir nicht wehtun.
G) Wenn wir miteinander reden, habe ich das Gefühl, du hörst mir nicht zu.
H) Du verstehst überhaupt nichts!

6 Ordne in einer Tabelle: hilfreiche Sätze – schädliche Sätze.

7 Suche für beide Spalten weitere Beispiele.

▶ Arbeitsheft: Seite 45   ○ Lernsoftware: Nr. 86

Mädchen und Jungen

1 Die Bilder auf der Seite 118 und 119 zeigen Jungen und Mädchen, Frauen und Männer bei verschiedenen Tätigkeiten. Betrachte die Bilder und beschreibe sie.

2 Überlege, ob alle Tätigkeiten von Junge und Mädchen, Frau und Mann gleich gut erledigt werden können. Begründe deine Antwort und nenne Beispiele.

■ Mädchen und Jungen entwickeln sich, Seite 40/41

3 Diskutiert, ob bestimmte Berufe nur für Männer oder nur für Frauen geeignet sind. Begründet eure Meinung.

4 Mädchen und Jungen haben gleiche, aber auch unterschiedliche Interessen. Womit beschäftigst du dich am liebsten?

○ Lernsoftware: Nr. 39

Schönheitsideale und Körperbilder

1 Betrachtet die Kinder genau. Überlegt, was euch an ihrem Aussehen gefällt. Notiert in Stichworten.

2 Stellt eure Meinungen vor und versucht sie zu begründen.

3 Vergleicht eure Wahrnehmungen. Bestimmt seid ihr nicht immer einer Meinung …

So wird Max von anderen Menschen gesehen (Fremdwahrnehmung):

So sieht Max sich manchmal selbst (Selbstwahrnehmung):

4 Betrachte dich im Spiegel. Was gefällt dir an deinem Aussehen?

5 Vergleiche deine Selbstwahrnehmung mit Fremdwahrnehmungen. Befrage dazu die Kinder deiner Klasse.

Jeder von uns hat eine eigene Vorstellung von Schönheit. Dem einen gefallen große und kräftige, dem anderen kleine und zierliche Menschen. Der eine findet lange blonde Haare schön, der andere mag dunkle Locken.

So beurteilt ein jeder von uns das Aussehen eines anderen Menschen aufgrund seiner eigenen Vorstellungen, seines eigenen Schönheitsideals.

Manche Schönheitsideale werden uns durch die Medien vorgegeben. Viele Erwachsene und Kinder versuchen so auszusehen wie die Fotomodelle und Schauspieler in Zeitungen, Magazinen oder Filmen.

6 Suche in Zeitschriften oder im Internet nach Bildern von Menschen, die du schön findest. Gestalte mit den Bildern eine Collage und stelle sie in der Klasse vor.

7 Das ideale Aussehen eines Menschen gibt es in Wirklichkeit eigentlich nicht. Befragt Erwachsene oder recherchiert, wie die Fotos von perfekten Fotomodellen entstehen.

8 „Man sieht nur mit dem Herzen gut. Das Wesentliche ist für die Augen unsichtbar." Versucht zu erklären, was mit diesem Zitat gemeint ist.

Kinder haben Rechte

Noch vor gut hundert Jahren mussten auch in Deutschland viele Kinder arbeiten. In Fabriken, auf dem Feld oder in Heimarbeit beim Nähen und Sticken halfen sie mit, Geld für die Familien zu verdienen.
Im Jahr 1904 änderte sich das durch ein Gesetz. Darin wurde festgelegt, dass Kinder bis zwölf Jahre gar nicht arbeiten dürfen.

1 Schau das alte Foto an und erkläre, welche Arbeit die Kinder hier übernehmen.

In vielen Ländern unserer Erde leben Kinder mit ihren Familien in Armut, weil die Eltern nicht genug Geld verdienen können. Um wenigstens die schlimmste Not zu lindern, müssen auch die Kinder arbeiten: In Burkina Faso (Afrika) schuften schon Fünfjährige in Goldminen. Sie transportieren Steine oder waschen das zerkleinerte Gestein. Auf wackeligen Fischfang-Plattformen mitten im Meer müssen Jungen in Indonesien (Asien) vorwiegend in der Nacht arbeiten. In Indien (Asien) gibt es große Baumwollfarmen. Sie beschäftigen vor allem Mädchen beim Pflücken und Sortieren der Baumwolle.
In allen Fällen werden Kinder ohne Rücksicht auf ihre Gesundheit bei schweren, gefährlichen Arbeiten täglich über viele Stunden eingesetzt. Werden Kinder so ausgenutzt, können sie nicht zur Schule gehen und sind oft krank. Deshalb finden sie später keine Arbeit mit gutem Lohn.

Burkina Faso (Afrika)

Indonesien (Asien)

2 Beschreibe, warum diese Kinder ein schweres Leben haben.

Indien (Asien)

Kinder durchsuchen Müllberge (Südamerika)

■ So leben Kinder in anderen Ländern, Seite 124/125

Erst am 20. November 1989 wurde ein weltweites Übereinkommen zum Schutz der Kinder geschlossen, die Kinderrechtskonvention der Vereinten Nationen (UNO, englisch: United Nations Organization). Der Vertrag umfasst insgesamt 54 Kinderrechte. Fast alle Staaten der Erde haben sie unterschrieben. Das heißt aber nicht, dass auch überall die Rechte der Kinder beachtet werden.

UNICEF ist das Kinderhilfswerk der UNO. Sie soll dafür sorgen, dass die Bestimmungen der Konvention eingehalten werden. UNICEF hat den langen Text der Konvention in zehn Kinder-Grundrechte zusammengefasst.

1 Wir müssen alle gleich behandelt werden.

2 Wir haben das Recht auf ein gesundes Leben.

3 Wir haben das Recht, in einer Schule zu lernen.

10 Kinder mit Handicap haben die gleichen Rechte wie alle anderen Kinder.

4 Wir haben das Recht auf Spiel und Freizeit.

9 Unsere Eltern müssen auf uns aufpassen und sich um uns kümmern.

5 Wir dürfen eine eigene Meinung haben.

8 Wir dürfen nicht für schwere Arbeit ausgenutzt werden.

6 Man muss uns gut behandeln und darf uns nicht verletzen.

7 Wir haben das Recht, dass man uns in der Not hilft und schützt.

3 Lest die Kinderrechte aufmerksam durch.

4 Diskutiert in der Klasse über die Bedeutung der einzelnen Rechte.

5 Gegen welche Rechte wird in den auf Seite 122 genannten Beispielen verstoßen?

6 Nennt Beispiele, wo ihr erkennt, dass Kinderrechte beachtet werden.

○ Lernsoftware: Nr. 87

So leben Kinder in anderen Ländern

Mit dem Ruderboot zur Schule

Auf dem Titicacasee in Peru leben Menschen auf schwimmenden Inseln aus Schilf. Auf manchen dieser Inseln wohnen nur eine oder zwei Familien.

Die Kinder müssen mit dem Ruderboot zur Schule fahren. Diese befindet sich auf einer Insel mitten im See.

Die Fahrt ist für die Kinder nicht ungefährlich. Besonders wenn Sturm aufkommt, werden die Wellen im See so hoch, dass die kleinen Boote kentern können. Für einige Kinder beträgt die Fahrzeit zur Schule zwei Stunden. Manche fahren alleine, andere teilen sich ein Boot und bilden eine Fahrgemeinschaft. Trotz der Strapazen ist es für die Kinder wichtig, in die Schule zu gehen. Sie lernen lesen und schreiben und können später einen Beruf erlernen.

Durch die Savanne zum Unterricht

Die Massai in Kenia sind Hirten und züchten Rinder und Ziegen. Lange Zeit gab es bei den Massai keine Schule. Alle wichtigen Dinge lernten die Kinder von ihren Eltern, aber fast kein Kind konnte lesen und schreiben. Heute gibt es Schulen. Trotzdem schicken die Familien oft nur ein Kind zur Schule, da sie nicht für alle Kinder Schulbücher, Stifte und Hefte kaufen können. Außerdem müssen die Kinder beim Hüten der Tiere helfen. Viele Kinder haben einen weiten Schulweg. Da es keinen Schulbus gibt, müssen sie zum Teil mehr als zehn Kilometer zu Fuß gehen. Die Wege durch die Savanne liegen meist in der Sonne und es ist über 30° C heiß. Eine Gefahr für die Kinder sind Wildtiere: Elefanten, Löwen und Hyänen kreuzen den Schulweg. Die Kinder müssen gut aufpassen, damit ihnen nichts passiert.

● M 10 Sich auf einer Karte orientieren, Seite 10   ■ Kinder haben Rechte, Seite 122/123

Ein Leben auf der Straße

In den großen Städten Indiens gibt es viele Kinder, die auf der Straße leben. Manche wurden von ihren Familien verstoßen, andere sind von zu Hause fortgelaufen. Um zu überleben, müssen sie für sich selbst sorgen. Viele Kinder sammeln auf einem Müllplatz Alteisen, Stoffreste oder Plastikteile, die sie für kleine Geldbeträge verkaufen. Zum Alltag vieler Straßenkinder zählen Bedrohungen und Gewalt.

Die Straßenkinder haben kein festes Zuhause, sondern müssen sich einen Platz zum Schlafen suchen. Sie übernachten an Straßenrändern, unter Brücken oder in einfachen Kisten. Das Leben der Kinder ist voller Unsicherheiten und Gefahren. Viele werden krank oder sterben an Verletzungen. Wenn sie Glück haben, finden sie eine Einrichtung, die sich um Straßenkinder kümmert. Dort erhalten sie zu essen und zu trinken und vielleicht können sie dort sogar lesen und schreiben oder ein Handwerk erlernen.

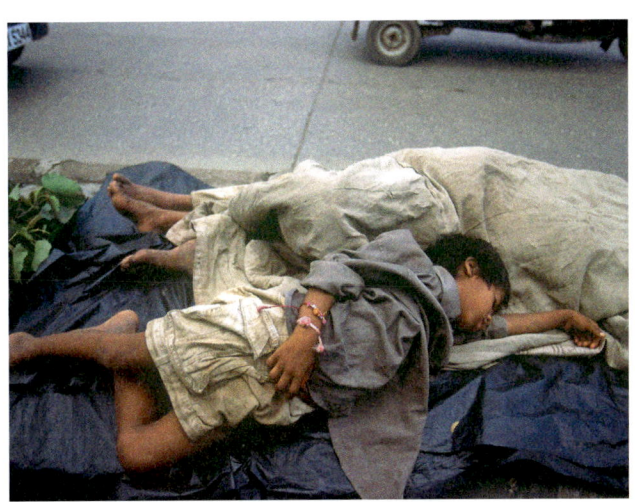

1 Findet die Länder Peru, Kenia und Indien in einem Atlas auf der Weltkarte.

2 Notiert, auf welchen Kontinenten diese Länder liegen und wie die Nachbarländer heißen.

3 Wie leben die auf dieser Doppelseite vorgestellten Kinder? Schreibe die Besonderheiten in Stichpunkten auf.

4 Vergleicht die beschriebenen Lebensweisen der Kinder mit eurer eigenen Lebensweise. Stellt euch vor, ihr würdet so leben wie diese Kinder. Vermutet, was ihr als gut, spannend, bedrückend oder gefährlich empfinden würdet.

5 Beschafft euch weitere Informationen über das Leben von Kindern in anderen Ländern. Recherchiert im Internet oder befragt Kinder, die aus anderen Ländern zu uns gekommen sind.

6 Erstellt zum Thema „So leben Kinder in anderen Ländern" eine Ausstellung.

7 Informiert euch über die Arbeit von Hilfsorganisationen, die zum Beispiel in armen Ländern Einrichtungen und Schulen für Kinder bauen. Vielleicht ist es euch möglich, ein solches Projekt zu unterstützen.

Formen der Arbeit

Herr Stiegler ist Metallbauer. Er hat sich die Fachrichtung Metallgestaltung ausgesucht. „Ich gestalte Geländer und Gitter aus Metall nach den Wünschen der Kunden. Schmieden, Löten, Schweißen und Schrauben gehören zu meinen Aufgaben. Die Ausbildung dauert dreieinhalb Jahre."

Frau Klein arbeitet als Ärztin für „Allgemeine Medizin" in einer Praxis. „Ich wollte schon immer Ärztin werden, um Krankheiten vorbeugen und behandeln zu können. Nach der Arbeit in der Praxis mache ich an manchen Tagen Hausbesuche. Die Ausbildung mit Studium, praktischem Jahr und Facharztausbildung dauert über sieben Jahre."

1 Wähle einen Beruf aus, der dich interessiert. Sammle Informationen zu diesem Beruf.

Übrigens

Feuerwehrmann oder Feuerwehrfrau bei der Berufsfeuerwehr ist ein Beruf für Männer und Frauen. Man kann auch ehrenamtlich bei der Ortsfeuerwehr tätig sein. Dann arbeitet man freiwillig ohne Bezahlung für die Gemeinschaft. Ehrenamtlich arbeiten auch viele Übungsleiter in den Sportvereinen.

2 Befrage jemanden, der ehrenamtlich arbeitet.

Checkliste für eine Betriebserkundung

1 Sucht euch einen Betrieb aus.

2 Vereinbart mit dem Betrieb einen Termin für die Besichtigung.

3 Was interessiert euch an dem Betrieb? Sammelt Fragen.

4 Nehmt die Fragen und Antworten mit einem Smartphone auf.

5 Fotografiert und filmt die Arbeit im Betrieb.

6 Stellt ein Buch über eure Erkundung zusammen oder macht eine Ausstellung.

● M 6 Einen Lernort erkunden, Seite 8
● M 8 Ein Bild auswerten, Seite 9

Menschen am Fließband (früher)

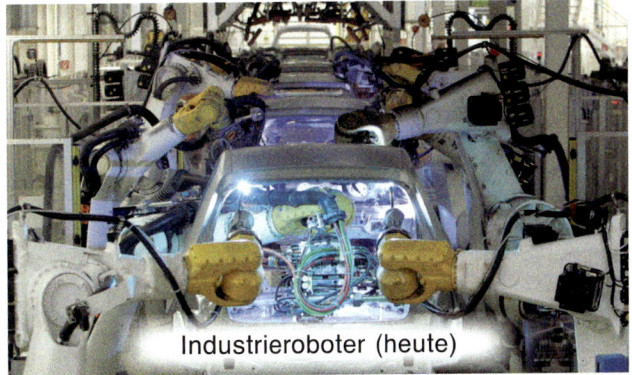

Industrieroboter (heute)

Früher brauchte man sehr viele Menschen, um unterschiedliche Produkte, zum Beispiel Autos oder Maschinen herzustellen.
Heute stehen Industrieroboter in den Hallen und übernehmen diese Arbeiten. Es werden nur noch wenige Menschen benötigt. Ihre Aufgabe besteht oft darin, die Roboter zu überwachen. Durch diese Entwicklung fallen immer mehr Arbeitsplätze weg.

Auch in anderen Bereichen der Wirtschaft werden Menschen immer häufiger durch Roboter und Computer ersetzt.

3 Welche Aufgaben übernehmen die Industrieroboter auf dem Bild?

4 Beschreibe, wie Roboter und Computer die Berufe und das Leben der Menschen verändern.

Auch Herr Stiegler war in einem Autowerk beschäftigt. Dort hat er am Fließband als Fertigungsmechaniker gearbeitet. Durch den Einsatz von Industrierobotern hat er seine Arbeit verloren und war einige Zeit arbeitslos. Geld bekam er in dieser Zeit von der Agentur für Arbeit. Aber es war erheblich weniger, als er in seinem Beruf verdient hat.

Herr Stiegler hat sich bei der Agentur für Arbeit beraten lassen und sich für eine Umschulung entschieden. Er hat einen neuen Beruf erlernt. Nach zwei Jahren war seine Ausbildung abgeschlossen.

Er arbeitet jetzt als Altenpfleger in einem Altenheim.
Er fühlt sich an seinem neuen Arbeitsplatz sehr wohl. Dort versorgt er jeden Tag ältere Menschen. Er hilft ihnen beim Anziehen, Essen oder Einkaufen.

So wie Herrn Stiegler ergeht es immer mehr Menschen. Ihre bisherigen Arbeitsplätze fallen weg und sie müssen neue Berufe erlernen.

5 Erzähle, wie sich die Arbeit von Herrn Stiegler verändert hat.

STELLENGESUCH

Fertigungsmechaniker, 42, langjährige Erfahrung in einem Automobilkonzern, sucht neue berufliche Perspektive, mögl. in Vollzeit.
Zuschriften erbeten unter ...

○ Lernsoftware: Nr. 24, 25

Angebot und Kaufverhalten

In Supermärkten oder Kaufhäusern werden die Waren so angeboten, dass die Kunden sie möglichst leicht finden. Um die Kunden zum Kauf weiterer Waren zu bewegen, sind die Regale so angeordnet, dass man auf dem Weg vom Eingang bis zur Kasse an möglichst vielen Produkten vorbeikommt.

1 Besuche mit einem Erwachsenen einen Supermarkt. Finde heraus, wie dort die Regale angeordnet sind. Skizziere den Weg vom Eingang zur Kasse und die Anordnung der Waren.

In den Regalen sind die Waren so angeordnet, dass sie die Kunden zum Kauf bestimmter Produkte anregen sollen. Oft stehen die teuren Waren auf Augenhöhe, weil sie dort besser auffallen und eher gekauft werden. Waren, deren Haltbarkeitsdatum bald abläuft, stehen vorn in der ersten Reihe.

2 Schau dir Regale in einem Supermarkt an. Notiere oder skizziere die Anordnung der Waren in einem Regal.

Durch billige Sonderangebote werden Kunden angelockt und zum Kaufen angeregt. Oft wird zusätzlich durch Musik versucht, bei den Kunden eine gute Stimmung zu erzeugen, damit sie mehr Waren kaufen.

3 Besprecht und notiert, mit welchen Methoden ihr Kunden zum Kaufen in einem Supermarkt anregen würdet.

Übrigens

Manche Produkte verkaufen sich gut, weil es kostenlos etwas Zusätzliches gibt. So kann man zum Beispiel Punkte sammeln, für die man ab einer bestimmten Punktzahl kostenlos etwas auswählen kann. Das Ziel ist oft, Informationen von den Kunden einzusammeln. Ein beliebter Kaufanreiz sind auch Sammelbilder. Viele Kunden kaufen diese Produkte und achten wenig auf die Qualität und den Preis.

● M 2 Ein Lerntagebuch anlegen, Seite 6
● M 3 Ein Lerntagebuch führen, Seite 6
● M 6 Einen Lernort erkunden, Seite 8

■ Werbung – kaufen und verkaufen, Seite 130/131

Beim Einkaufen solltest du immer daran denken, dass Supermärkte, Kaufhäuser oder Geschäfte mit vielerlei Methoden und geschickter Werbung zum Kauf anregen wollen. Versuche diese Methoden zu durchschauen. Schreibe dir Einkaufszettel und kaufe nur das, was du notiert hast. Lass dir Zeit und überlege gut, bevor du etwas kaufst. Gerade mit billigen Sonderangeboten sollen Kunden angelockt und zum unüberlegten Kaufen verleitet werden. Nur informierte, aufmerksame Kunden kaufen sinnvoll und preiswert ein und haben angemessene Vorräte zu Hause.

Durch die Herstellung, aufwendige Verpackungen und den Transport von Waren über große Entfernungen wird unsere Umwelt stark belastet. Jeder kann durch überlegtes Einkaufen mithelfen, diese Umweltbelastungen zu verringern.

4 Lest die Regeln für den Einkauf und erklärt sie. Notiert die Regeln in eurem Heft oder in eurem Lerntagebuch.

5 Begleite deine Eltern beim Einkaufen. Schaue nach Waren, die hauptsächlich für Kinder angeboten werden. Finde heraus, mit welchen Methoden zum Kauf angeregt werden soll. Notiere Beispiele. Überprüfe dein eigenes Kaufverhalten und beurteile es.

Regeln für den Einkauf

- Überlege vorher in Ruhe, was du wirklich brauchst.
- Schreibe dann einen Einkaufszettel.
- Lass dich im Geschäft nicht zum Kaufen verleiten. Kaufe nur das, was du brauchst und vorher notiert hast.
- Versuche Lockangebote und „Tricks" zu durchschauen.
- Verwende für den Einkauf Stofftaschen oder Körbe.
- Achte auf umweltfreundliche Produkte.
- Suche nach Produkten, die aus deiner Region kommen.

Übrigens

Geworben wird nicht nur für Waren. Auch für Freizeitangebote, z. B. Konzerte, Freizeitparks, Kino, Sportveranstaltungen oder Urlaub gibt es Werbung. Sie versucht auf gleiche Weise, uns zu beeinflussen.

Werbung – kaufen und verkaufen

Hersteller von Schoko-Müsli-Riegeln müssen nicht nur gut schmeckende Riegel produzieren. Sie müssen auch bei der äußeren Gestaltung und beim Design vieles beachten. Durch auffällige Formen, Namen und gut gestaltete Verpackungen sollen Kunden auf das Produkt aufmerksam werden und es kaufen. Oft lassen Hersteller vor der Entwicklung des Produktes viele Menschen befragen, um herauszufinden, was gewünscht und gekauft wird.

1 Vergleiche die Riegel. Nenne Gemeinsamkeiten und Unterschiede. Überlege, welche Riegel du auswählen würdest. Begründe deine Entscheidung.

Alle größeren Firmen haben ein einprägsames Markenzeichen, auch „Logo" genannt. Für die meisten Produkte gibt es einen extra entwickelten, gut zu merkenden Werbespruch, einen „Slogan". Der Slogan soll bewirken, dass die Verbraucher das Produkt und seinen Namen lange Zeit im Gedächtnis behalten und es deshalb immer wieder kaufen.

2 Sammelt Werbeprospekte und bringt sie mit in die Schule. Untersucht und prüft Logos und Slogans, ob sie inhaltlich etwas aussagen.

Bei der Werbung für ein Produkt werden oft auch die Gefühle und Sehnsüchte der Menschen angesprochen, zum Beispiel eine herrliche Landschaft, intakte Natur, gesunde sportliche Menschen oder ein schönes Zuhause. All diese Dinge werden in der Werbung genutzt, obwohl sie mit dem Produkt, für das geworben wird, eigentlich nichts verbindet.

3 Untersucht die Werbung für verschiedene Produkte. Beschreibt, wie Gefühle und Sehnsüchte eingesetzt werden.

● M 14 Ein Interview planen und durchführen, Seite 12
● M 15 Ein Interview auswerten, Seite 12

So könnt ihr selbst für etwas werben

Viele Grundschulkinder ernähren sich auch in den Pausen gesund. Sie wissen, wie wichtig gesunde Ernährung ist.

1. Plant in eurer Klasse gemeinsam mit eurer Lehrkraft eine Werbeaktion für ein gesundes Pausenfrühstück, damit sich noch mehr Kinder gesund ernähren.

2. Befragt für die Werbeaktion die Kinder eurer Klasse und einer Nachbarklasse. Entwickelt dafür einen Fragebogen, zum Beispiel …
   a) Isst du etwas in den Pausen?
   ( ) ja   ( ) nein
   b) Isst du an allen Tagen etwas in den Pausen?
   und so weiter …

3. Befragt nun Kinder mithilfe des Fragebogens. Nehmt für jedes Kind einen Fragebogen und kreuzt die Antworten an.

4. Wertet diese Fragebögen mithilfe einer Strichliste und einer Tabelle aus.

5. Besprecht die Ergebnisse. Überlegt, welche Hilfen euch die Ergebnisse der Befragung für eure Werbekampagne geben.

6. Überlegt auch, welche Gründe es geben kann, dass sich manche Kinder ungesund ernähren.

7. Entscheidet, auf welche Weise ihr für ein gesundes Pausenfrühstück werben wollt, z. B. mit Plakaten oder auch mit Werbespots, die mit einem MP3-Player aufgenommen und abgespielt werden.

8. Formuliert einen einprägsamen Werbeslogan. Erstellt eure Werbemittel.

9. Startet eure Werbeaktion.

Tipp: Durch eine zweite Befragung nach eurer Werbeaktion könnt ihr herausfinden, ob eure Werbeaktion erfolgreich war.

Gesellschaft: Das habe ich gelernt

In diesem Sachbuch darf nicht geschrieben oder gezeichnet werden!
Notiere daher in deinem Heft die Überschrift dieser Seite, die Nummer und den Buchstaben der Aufgabe und dahinter deine Antwort.

1 Lies die Begriffe, ordne sie richtig zu und notiere sie.

A Viele Hilfsmittel erleichtern Menschen mit Behinderungen das Leben. Ordne die Hilfsmittel den Bereichen richtig zu.

Sehen – Hören – Gehen

Blindenschrift, Hörgerät, Gebärdensprache, Blindenschreibmaschine, Rollator, Brille, Unterarmstützen, Rollstuhl

B Unter den folgenden Verhaltensweisen sind zwei, die nicht zum Streitschlichten beitragen. Notiere sie und begründe deine Wahl.

auf andere zugehen, auslachen, ausreden lassen, erklären, Humor zeigen, miteinander reden, nachfragen, sich entschuldigen, vordrängeln, zuhören

2 Notiere die Sätze zur Klassensprecherwahl in der richtigen Reihenfolge.

C – Einige Kinder stellen sich zur Wahl.
– Jedes Kind schreibt einen Namen auf seinen Stimmzettel.
– In der Klasse soll ein Kind zum Klassensprecher gewählt werden.
– Die Kinder stellen der Klasse vor, was sie als Klassensprecher tun wollen.

3 Wähle aus den folgenden Wortpaaren jeweils die Begriffe aus, die zur geheimen Abstimmung gehören und notiere sie. Setze die Lösungsbuchstaben zu einem Lösungswort zusammen.

D Kandidat (I) – Präsident (K)
Spielleiter (S) – Wahlleiter (P)
Stimmzettel (L) – Moderationskarte (I)
Wahlkabine (F) – Umkleidekabine (A)

Wahlurne (C) – Briefkasten (L)
Auszählung (T) – Schätzung (E)
Benotung (T) – Wahlergebnis (H)

4 Schreibe die vier Kinderrechte auf und ergänze die fehlenden Begriffe.

E Jedes Kind hat ein Recht auf Hilfe in _____?_____.

F Kinder haben ein Recht auf _____?_____ und Fürsorge.

G Jedes Kind hat das Recht auf eine eigene _____?_____.

H Alle Kinder haben ein Recht auf eine Erziehung ohne _____?_____.

Gewalt – Liebe – Meinung – Notfällen

Das Internet nutzen

Der Begriff Internet ist die englische Abkürzung für International Network, was übersetzt Internationales Netzwerk bedeutet. Das Internet ist weltweit der größte Zusammenschluss von Computernetzwerken. Man schätzt, dass im Jahr 2016 allein in Deutschland 54 Millionen Menschen das Internet nutzten, weltweit jeder dritte Mensch.
Neben dem Versenden und Empfangen von Nachrichten, den so genannten Emails, dient das Internet zum Informieren, Telefonieren, Einkaufen sowie zum Herunterladen von Programmen, Filmen oder Musik.

Ursprünglich wurde die Internet-Technologie 1973 für die Datenübertragung zwischen den Computern des amerikanischen Verteidigungsministeriums entworfen.
1984 wurde die Technik dieses Netzwerkes freigegeben und weiterentwickelt. Seit 1989 gibt es den bekanntesten Bestandteil, das **W**orld **W**ide **W**eb (www). Übersetzt heißt das **w**eltweites **N**etzwerk.
Internetseiten werden von Firmen, den so genannten Providern, im Netz angeboten. Beim Aufrufen von Internetseiten entstehen meistens Gebühren.

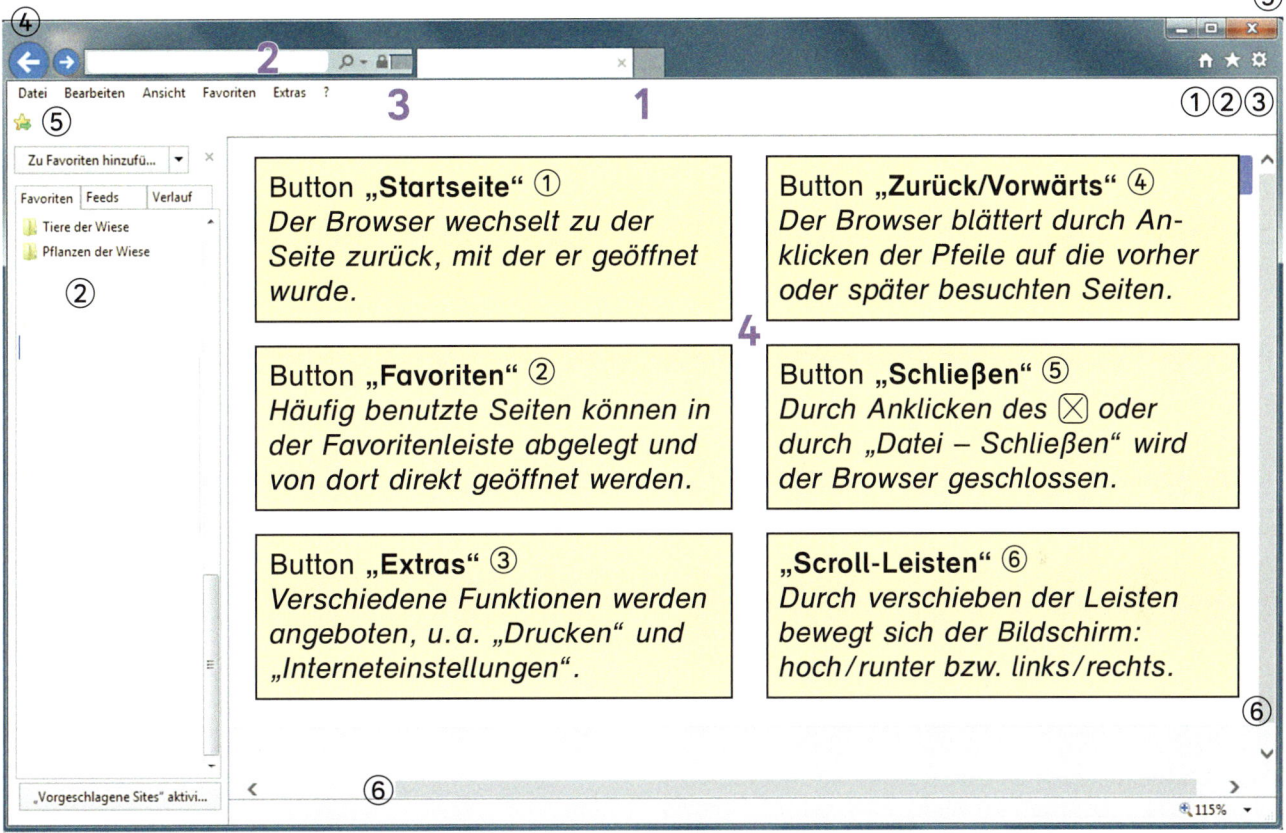

Button „**Startseite**" ①
Der Browser wechselt zu der Seite zurück, mit der er geöffnet wurde.

Button „**Zurück/Vorwärts**" ④
Der Browser blättert durch Anklicken der Pfeile auf die vorher oder später besuchten Seiten.

Button „**Favoriten**" ②
Häufig benutzte Seiten können in der Favoritenleiste abgelegt und von dort direkt geöffnet werden.

Button „**Schließen**" ⑤
Durch Anklicken des ⊠ oder durch „Datei – Schließen" wird der Browser geschlossen.

Button „**Extras**" ③
Verschiedene Funktionen werden angeboten, u.a. „Drucken" und „Interneteinstellungen".

„**Scroll-Leisten**" ⑥
Durch verschieben der Leisten bewegt sich der Bildschirm: hoch/runter bzw. links/rechts.

1 Um das Internet zu nutzen, muss ein so genannter „Browser" (sprich: Brauser) gestartet werden. Das ist ein Programm, das Internetseiten sichtbar macht. Starte das Internet. Klicke dazu das Symbol des Internetbrowsers an.

2 In die Adresszeile wird die Internetadresse eingegeben. Die meisten beginnen mit www. Gib die Internetadresse einer Suchmaschine ein.

3 Durch Anklicken der Schaltfläche mit dem Pfeil (Wechseln zu) oder durch Drücken der Enter-Taste wird die Internetseite aufgerufen. Starte die Internetadresse.

4 Über verschiedene Schaltflächen (Buttons) wird das Programm bedient und zwischen den Seiten gewechselt (navigiert). Probiere die Funktionen der Buttons aus.

Mit einer Suchmaschine arbeiten

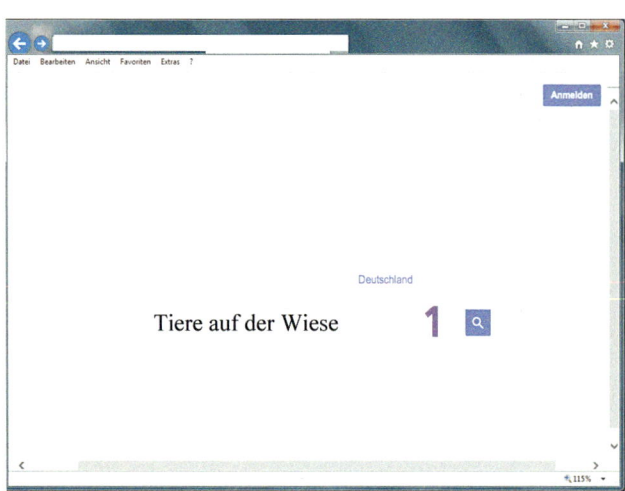

1 Eingabe des Suchbegriffes

Um Internetseiten aufzurufen, muss der Name der Internetseite bekannt sein. Suchmaschinen, helfen, um Internetseiten zu bestimmten Themen zu finden. Dazu wird ein Suchbegriff zum gewünschten Thema eingegeben. Gib den Suchbegriff „Tiere auf der Wiese" ein. Klicke dann den Button „Suche" an oder drücke auf „Enter".

2 Auswahl von Internetseiten

Die Suchmaschine zeigt eine Auswahl der gefundenen Internetseiten an. Durch Anklicken einer angezeigten Internetseite wird diese geöffnet. Vergleiche deine Suchergebnisse mit der Abbildung. Klicke die Internetadresse „Tiere auf der Wiese" an.

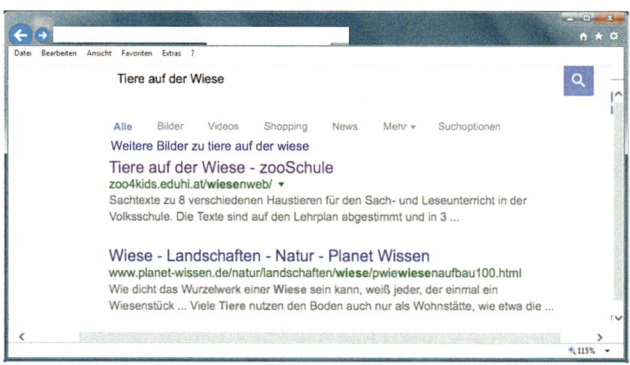

3 Auswerten der Inhalte

Die gefundene Internetseite wird angezeigt. Ob der Inhalt der Seite informativ ist, lässt die Suchmaschine allerdings nicht erkennen. Wird der Mauszeiger zur Hand, kann eine weitere Seite der Internetadresse geöffnet werden. Finde auf der Internetseite Informationen über Tiere auf der Wiese.

4 Auswahl von Bildern

Die Suchmaschinen helfen auch, Bilder zum eingegebenen Suchbegriff zu finden. Dazu wird nach der Eingabe des Suchbegriffes entweder auf „Weitere Bilder" oder auf „Bilder" in der Auswahlleiste geklickt. Klicke auf „Bilder" zum Suchbegriff „Tiere auf der Wiese". Werte diese aus.

▪ Tiere und Pflanzen der Wiese, Seite 16/17

Sich im Internet informieren

1 Das Internet ist eine gute Quelle, um sich schnell und genau über bestimmte Themen zu informieren. Im Beispiel sollen zum Thema „Wiese" genaue Informationen über „Wiesenpflanzen" eingeholt werden.

Vergleiche die Suchergebnisse, wenn du als Suchbegriffe „Wiese" und „Pflanzen der Wiese" eingibst.

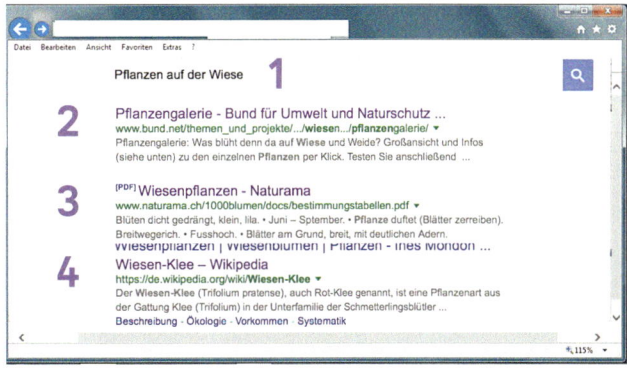

2 Die Suchmaschine zeigt eine große Auswahl von Internetseiten an. Manchmal bieten die Seiten nicht die gewünschten Informationen oder die Texte sind unverständlich geschrieben.

Starte die Internetadresse vom BUND. Informiere dich über verschiedene Wiesenpflanzen. Das Beispiel zeigt Informationen zum Rotklee.

3 Internetseiten sind sehr unterschiedlich aufgebaut. Oft ist eine Internetseite größer als auf dem Bildschirm sichtbar. Dann muss der Schiebebalken (Scroll-Leiste) bewegt werden.

Öffne verschiedene Internetseiten zum Suchbegriff. Suche immer Informationen zum Rotklee. Vergleiche die Informationen miteinander.

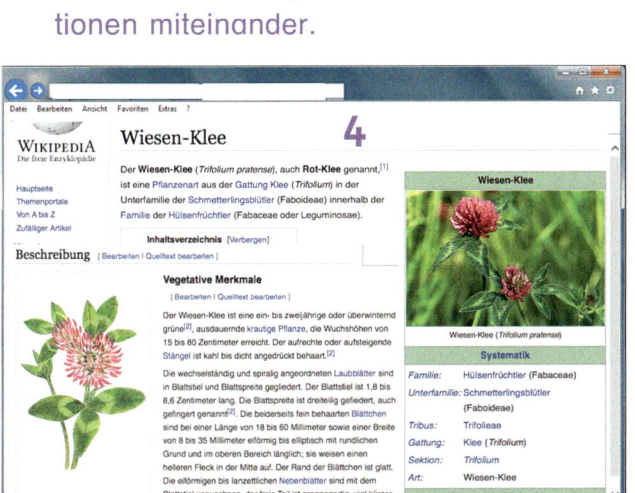

4 Als Suchbegriff kann auch direkt der Name einer Wiesenpflanze eingegeben werden, zum Beispiel „Rotklee". Oft wird dann die Internetadresse eines Lexikons angezeigt, beispielsweise die von „Wikipedia". Die Texte sind für Erwachsene geschrieben und daher oft schwer zu verstehen.

Öffne zum Suchbegriff „Rotklee" oder „Wiesenklee" die Seite von Wikipedia.

■ Tiere und Pflanzen der Wiese, Seite 16/17

Eine Grafik einfügen

1 Bild/Grafik suchen

Ein Steckbrief oder Herbariumblatt zum Rotklee soll angelegt werden. Die Seite soll neben der aufgeklebten Pflanze auch eine Grafik vom Rotklee enthalten.
Starte eine Suchmaschine.
Gib als Suchbegriff „Roter Wiesenklee" ein.
Klicke auf „Bilder" und starte dann die Suchfunktion.

2 Grafik auswählen

Die Suchmaschine zeigt eine Fülle von Bildern an.
Verschaffe dir einen Überblick über die gezeigten Bilder und Grafiken.
Wähle eine Grafik aus.
Klicke die Grafik mit der rechten Maustaste an.
Klicke im Auswahlmenü auf „Bild kopieren".

3 Grafik einfügen

Starte die Textverarbeitung auf dem Computer. Die Grafik wird dort eingefügt, wo der Cursor blinkt.
Klicke zum Einfügen der Grafik entweder auf „Bearbeiten" und „Einfügen" oder benutzte die Tastenkombination „Strg + V".

4 Grafik beschriften

Mit der Textverarbeitung kannst du neben der Grafik die eingeholten Informationen zum Rotklee notieren.
Schreibe zunächst die Überschrift.
Trage dann die Daten zu „Fundort und Datum" ein.
Unter „Besonderheiten" werden eingeholte Informationen zum Rotklee notiert.

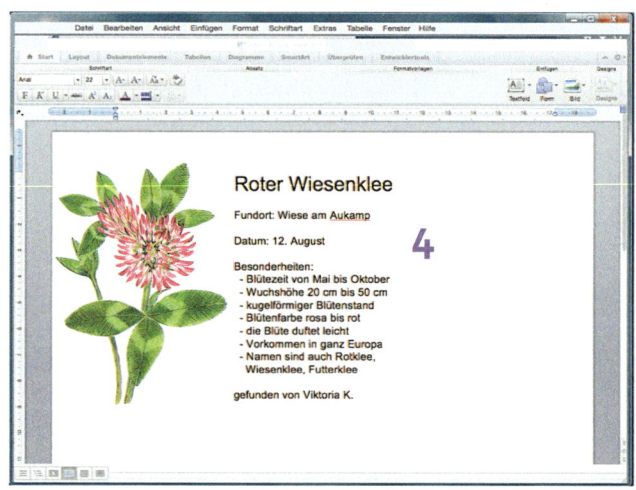

■ Tiere und Pflanzen der Wiese, Seite 16/17
■ Mit einer Suchmaschine arbeiten, Seite 134